大川隆法
RYUHO OKAWA

稲盛和夫守護霊が語る
仏法と経営の厳しさについて

まえがき

民主党政権末期に収録された霊言ではあるため、自民党への政権交代と稲盛氏の「ＪＡＬ」退任の予後を少し見届けてからの出版となった。

まずは稲盛氏に「ＪＡＬ」の再建のご成功をお祝い申し上げたい。もしかしたら、民主党政権下での唯一の成功例だったかもしれない。既に経営の第一線を退かれ、大病もし、仏門修行された方が、七十八歳から八十一歳という年齢に、あの難しい大企業を再建された経営手腕を見て、普遍的な「経営力」というものはあるのだな、と感じた。

先日、北海道へのセミナー出張に、往きは「ANA」、還りは「JAL」を使ってみた。「JAL」は機中で女性CAが三名と男性乗務員一名（私はウトウトしていたので家内にことづてであったが）あいさつに来た。機外の通路でも女性二名、空港玄関出口で女性三名あいさつに出て来た。かなり徹底している。そう言えば二十三年ぐらい前には、「今日は大川隆法さんが乗っているので、この飛行機は絶対落ちないと機長が喜んでます。」と気さくに声をかけてくれたCAもいた。苦難を乗り越えて、「日本の翼」が復活したことを素直に喜びたい。しかし、「ANA」のさりげないスマートなサービスもまだまだ健在である。

当会も二十年以上にわたって、「JAL」のCAや「ANA」のCAにマナー研修講師に来てもらっているので、その変化は注意深く見ている。

今後とも、日本全体について経営指導が必要だろう。稲盛氏のご長寿とご健康を祈りつつ、本霊言で数多くの日本企業に「喝《かつ》！」を入れたいと願っている。

二〇一三年　五月十七日

幸福《こうふく》の科学《かがく》グループ創始者兼総裁《そうししゃけんそうさい》　大川隆法《おおかわりゅうほう》

稲盛和夫守護霊が語る　仏法と経営の厳しさについて　目次

稲盛和夫守護霊《いなもりかずおしゅごれい》が語る　仏法《ぶっぽう》と経営の厳しさについて

二〇一二年七月三十日　収録

東京都・幸福の科学　教祖殿《きょうそでん》　大悟館《たいごかん》にて

9　政治的権力を持ちつつある幸福の科学　109

「霊言現象《れいげん》」とは、あの世の霊存在の言葉を語り下ろす現象のことをいう。これは高度な悟《さと》りを開いた者に特有のものであり、「霊媒現象《れいばい》」（トランス状態になって意識を失い、霊が一方的にしゃべる現象）とは異なる。外国人霊の霊言の場合には、霊言現象を行う者の言語中枢《ちゅうすう》から、必要な言葉を選び出し、日本語で語ることも可能である。

また、人間の魂《たましい》は原則として六人のグループからなり、あの世に残っている「魂の兄弟」の一人が守護霊《しゅごれい》を務めている。つまり、守護霊は、実は自分自身の魂の一部である。したがって、「守護霊の霊言」とは、いわば本人の潜在《せんざい》意識にアクセスしたものであり、その内容は、その人が潜在意識で考えていること（本心）と考えてよい。

なお、「霊言」は、あくまでも霊人の意見であり、幸福の科学グループとしての見解と矛盾《むじゅん》する内容を含《ふく》む場合がある点、付記しておきたい。

稲盛和夫守護霊《いなもりかずおしゅごれい》が語る
仏法《ぶっぽう》と経営の厳しさについて

二〇一二年七月三十日　収録

東京都・幸福の科学　教祖殿《きょうそでん》　大悟館《たいごかん》にて

稲盛和夫《いなもりかずお》（一九三二年〜）

経営者。鹿児島《かごしま》大学工学部卒業後、メーカー勤務を経て、一九五九年に京都セラミック（現・京セラ）株式会社を設立。社長、会長を経て、現在、名誉《めいよ》会長。一九八四年、第二電電企画（現・ＫＤＤＩ）株式会社設立。二〇一〇年、日本航空会長に就任し、経営再建に当たる。「盛和塾《せいわじゅく》」塾長として、若手経営者の育成を行うかたわら、臨済宗《りんざいしゅう》の在家得度《ざいけとくど》も受けている。

質問者　※質問順

酒井太守《さかいたいしゅ》（幸福の科学宗務《しゅうむ》本部担当理事長特別補佐《ほさ》）

武田亮《たけだりょう》（幸福の科学副理事長 兼《けん》 宗務本部長）

秦陽三《はたようぞう》（幸福の科学常務理事 兼 宗務本部庶務《しょむ》局長）

［役職は収録時点のもの］

1　稲盛和夫《いなもりかずお》氏の守護霊《しゅごれい》に「フィロソフィ」を訊《き》く

わずか二年でＪＡＬ《ジャル》を再建した稲盛《いなもり》氏の荒業《あらわざ》

大川隆法　今日は、予定外ではありますが、少し、稲盛和夫《いなもりかずお》氏の守護霊《しゅごれい》の話を聴《き》いてみたくなりました。

稲盛氏は、「京都セラミック」（現・京セラ）という会社を京都発で新しくつくり上げ、世界的企業《きぎょう》にされました。また、「電気通信事業にも企業間競争が要《い》るだろう」というニーズに応え、京セラで貯《た》めた資金のなかから一千億円を投入して、第二電電（現・ＫＤＤＩ）をつくり、その事業にも成功を収められました。

その後《ご》、経営の一線から、いったん退《しりぞ》かれましたが、ガンを患《わずら》って闘病《とうびょう》されたこともあります。また、京都にある禅宗《ぜんしゅう》のお寺で在家得度《ざいけとくど》を受け、編み笠《がさ》をかぶっての托鉢修行《たくはつしゅぎょう》もされていたことを覚えています。

二〇一〇年には、JAL《ジャル》（日本航空）が破綻《はたん》したため、かなりのご高齢《こうれい》にもかかわらず、その立て直しを政府から依頼《いらい》されました。本人としてはあまりウエルカムではなかったと思いますが、結局、引き受けられ、その後、二年ほどでJALを再建軌道《きどう》に乗せたことで、テレビや雑誌、新聞等でも取り上げられています（収録当時）。

稲盛氏は、昭和七年生まれで、年齢的には私の母と同じぐらいかと思うので、すでに八十歳《さい》ぐらいになるでしょう。そのような方が、国家緊急《きんきゅう》のときに、

「あなたのほかにできる人がいないから頼《たの》む」と、ＪＡＬの再建を頼まれ、それに取り組むことは、かなり厳しい仕事だったのではないかと思います。

これについては、私も危《あや》ぶみました。かなり高名な方ですし、八十の年が見えて、もう余生を安穏《あんのん》に送られたほうがよいときかと思うところに、あれほど大きな会社の、非常に厳しい経営体質を立て直すなどということは、難行苦行《なんぎょうくぎょう》そのものでしょう。「これは、それほど簡単にできることではない」と思い、「晩年に挫折《ざせつ》したり、晩節を汚《けが》すような感じになったら嫌《いや》だな」と、私も心配していたのです。

私の出した本のなかには、「今のＪＡＬを再建できる人であれば、日本の総理だって十分できるはずだ」と書かれたものもあったかと思います（『松下幸之助《まつしたこうのすけ》　日本を叱《しか》る』〔幸福の科学出版刊〕参照）。

稲盛氏の改革は、荒業《あらわざ》のように見える、かなり厳しいものだったため、最初は周囲の反対もそうとうあったかと思いますが、見事に立て直しの路線に乗せられました。

ここに、私は、経営者の、ある意味でのすごさといいますか、偉大《いだい》さのようなものを感じました。政治家の国家経営の甘《あま》さなどと比べ、経営者としての「身を切るような厳しさ」を感じたのです。

ただ、稲盛氏は、本当のところ、ＪＡＬのことを好きではなかったようです。最初、「自分はＡＮＡ《アナ》派であって、ＪＡＬは嫌《きら》いだ。だから、ＡＮＡにばかり乗っている」というようなことを言っておられました（笑）。また、倒産《とうさん》した自覚の薄《うす》いＪＡＬの幹部に対し、おしぼりを投げたこともあるほど、腹を立てたそうです。そのような人が、ＪＡＬの再建を頼まれたわけです。

確かに、当時のＪＡＬには八つも組合《くみあい》があって、それが暴《あば》れていたところでした。あれでは、誰《だれ》が経営者であっても匙《さじ》を投げる状態でしょう。

さらには、同時期に、御巣鷹山《おすたかやま》の日航機墜落《ついらく》事故をもとにした小説（山崎豊子《やまさきとよこ》『沈《しず》まぬ太陽』）が映画化されました。本作の上映には、ＪＡＬのほうでも反対したことでしょう。

そのようなこともあり、経営再建をするには、あまりよい環境《かんきょう》ではありませんでした。

しかし、稲盛氏を応援《おうえん》する人から見れば、ほとんどが反対するような環境のなかでＪＡＬ再建を引き受け、一定の使命を果たされたのではないかと思います。

松下幸之助《まつしたこうのすけ》に続く「経営の神様」の風格が出てきた稲盛氏

大川隆法　この人は、一時期、仏教修行に入られたこともある方であり、「経営」と「仏教」の両方にまたがって研究をされているので、当会に対しても、あるいは当会以外の経営者やビジネスマンに対しても、参考になることを言ってくださるのではないかと思います。

ただ、「おそらく、厳しく出てこられるだろう」と推定しています。そんなに甘くはないでしょう。

私が若いころ、まだ、京セラはそれほど名前のある会社ではありませんでしたが、「知り合いのお子さんが京セラに勤める」などということを聞いたら、京都の人に、「まあ、かわいそうに。あんなところへ就職したら、休みもなければ、残業手当もなく、延々と夜中まで働かされますよ」と言われるほどでした。いわゆる「血の小便」が出るようなノルマの厳しい会社だったようです。

そのように、「よくあんなところにお勤めになりますなあ」というような話を、私も聞いた覚えがあるので、そうとう厳しい会社だったのだろうと思います。しかし、それがゆえに、成功したのでもありましょう。

さらに、「若いころには、松下幸之助《まつしたこうのすけ》氏の話を聴いて発奮した」という話も、私にとっては非常に印象深い話です（『人を愛し、人を生かし、人を許せ。』〔幸福の科学出版刊〕参照）。

また、この方は、いわゆる、学歴エリートといいますか、受験秀才《しゅうさい》ではなく、第一志望に落ち、最終的に鹿児島《かごしま》大学に入られたようです。

そして、就職でも、いわゆる一流企業にはことごとく断られ、風前《ふうぜん》の灯《ともしび》のような会社に入っています。そのようなところからスタートされているので、ある意味での立志伝中《りっしでんちゅう》の人かと思います。

ただ、稲盛氏の印象としては、「経営の神様」と言われていた、先輩《せんぱい》の松下幸之助氏と比べれば、少し後発の方ですし、性格も厳しめなので、私は、「やや〝小粒《こつぶ》〟なのかな」という印象を持っていましたが、年齢が上がってきたら、それなりに、松下さんに代わり、次の「経営の神様」のようなイメージも出てきたように思います。今回のＪＡＬ再建の成功により、その印象が特に強くなったのではないかと感じています。

稲盛氏の守護霊を招霊《しょうれい》する

大川隆法　そういうことで、短い時間ではありますが、〝京セラフィロソフィ〟

から、〝ＪＡＬフィロソフィ〟までつくられた稲盛氏のものの考え方などを中心にして、アドバイスを頂けることがありましたら、それを受けたいと思います。

質問者のみなさんは、いつも厳しい質問をする側に立っていますが、今日は、もしかしたら、逆に叱られる可能性もあるかと思います。稲盛氏は、最近、〝修羅場《しゅらば》〟をくぐったところでもありますので、当会がＪＡＬのように見えた場合には、厳しいご指導を受けることになるかもしれません。

そのようなわけで、「あまり甘くはない」ということを、いちおう肝《きも》に銘《めい》じた上で、お呼び申し上げたいと思います。

「生きている本人とは面談せず、守護霊だけを呼ぶと、ご本人に怒《おこ》られるかもしれない」という気がしないわけでもありません。

ちなみに、私自身、これまでにも、稲盛氏と面談するチャンスはあったのです。向こうも忙《いそが》しいでしょうが、私も「忙しい」と称《しょう》して、面談のチャンスを逃《のが》しました。

「まだ生きているのに、呼び出さないでくれ。死んでから呼んでくれ」と言われれば、それまでですが（笑）、生きている間《あいだ》であっても、ある程度の考えは固まっておられると思います。

そこで、どんな方が守護しておられるのかも見た上でお訊《き》きし、その考え方が多くの人にとっての力になれば、当会の仕事としても、何らかのお役に立てるのではないかと考えています。

いわゆる、テレビなどのインタビューとは一味違《ひとあじちが》い、世間《せけん》の経営者や、甘い環境のなかで政治をしている人、あるいは、世の中を嘆《なげ》いている人々にとっては参考になるのではないでしょうか。

では、前置きはそのくらいにして、さっそく、話を伺《うかが》ってみたいと思います。

（合掌《がっしょう》し、瞑目《めいもく》する）

それでは、京都セラミックをつくられ、さらに第二電電をつくられ、このたびはＪＡＬの再建も果たされました稲盛和夫さんの守護霊をお呼びいたします。

宗教側からのアプローチというかたちではありますが、よくおっしゃっている「フィロソフィ」といいますか、ものの考え方について、宗教や、あるいは宗教を学んでいる者にも参考になるかたちで、何らかご開陳《かいちん》願えれば幸いかと思います。

稲盛和夫さんの守護霊よ。稲盛和夫さんの守護霊よ。
どうか、幸福の科学 大悟館《たいごかん》に降りたまいて、われらにご指導を賜《たまわ》りたく、
お願い申し上げます。
稲盛和夫さんの守護霊よ、稲盛和夫さんの守護霊よ。
どうか、幸福の科学 大悟館に降りたまいて、われらにご指導を賜りたく、
お願い申し上げます。

（約二十秒間の沈黙《ちんもく》）

2　経営者にとっての最終試験

世のため人のために働く者に休みはない

稲盛和夫守護霊　君たちねえ……、「自分らは、休日にもかかわらず、朝の九時台から大変な仕事をしている」と思ったら、大間違《おおまちが》いだよ。世間《せけん》では、今日（月曜日）は、みんな働いているんだからね。休みを「当然だ」なんて思っちゃいかんよ。経営者に休みはないんだ。それから、世のため人のために働いている者に休みはないんだ！

たとえ、肉体的に休みを取らなければならんことがあったとしてもだなあ、天下国家や、自分らの会社や団体の使命、こういうものを忘れて遊ぶようなやつぁ、駄目《だめ》なんだよ。

会社でもそうだけれど、特に、宗教団体はそうなんだ。宗教団体で働いている人間に、遊び気分のやつは要《い》らねえんだよ。そんな者は、道頓堀《どうとんぼり》の橋から飛び込《こ》んで死ね！

まあ、坊《ぼう》さんが〝自殺のすすめ〟をやったらいかんが、はっきり言やあ、そういうことだ。

どうだい？　朝からこういう話を聞くと、気分がいいだろう？

酒井　ええ、ありがとうございます。まことに……。

稲盛和夫守護霊　引き締《し》まるだろうが。

酒井　おっしゃるとおりです。

稲盛和夫守護霊　当ったり前だ！　八十まで働いてみい。三十や四十で、タルタルするんじゃねえよ。あんた、まだこれから、一日二十五時間、働かないかん時期だぜ。なあ？

まあ、わしもなあ、タダで来とるんだからさあ、タダで。ええ？

酒井　はい。本日はありがとうございます。

稲盛和夫守護霊　これ（霊言《れいげん》）がちょっとは収入を生むんだろうが？　これ、タダで金に換《か》えるんだろうけれど、京セラには寄付せんだろうし、ＪＡＬ《ジャル》にも寄付せんだろうし、当然、俺《おれ》にも寄付せんだろう？　まあ、タダでもいいが、やっぱり、この話を聞いた人がちょっとは良うなるというか、救いになることをやらんかったら、君ら、創立の理念に反しとるよ。

あえて「火中の栗《くり》」を拾った心境は？

酒井　そのようにお忙《いそが》しいところをお越《こ》しいただきまして、本当にありがとうございます。

稲盛和夫守護霊　うーん、まだ忙しいんだよ、本当はな。まだ全部終わったわけじゃないんだよ。もう（ＪＡＬの再建が）終わったように報道されとるかもしらんけど、終わったわけじゃないんだよ。心は、まだ終わっとらんよ（二〇一二年七月時点）。

酒井　ＪＡＬでは、非常に驚異《きょうい》的な収益の改善をされ、約二千億円の黒字を出したと伺《うかが》っています。

稲盛和夫守護霊　うん、数字は、まあ、そうだよ。だけど、君ねえ、俺は、基本的に、人のクビ切りをするのが専門じゃないんだよ。そういうことは、過去、やってないんだよ。京セラだって、第二電電（現・ＫＤＤＩ）だって、会社をつくるほうだったからさ。「人を採用して育てる」のが、基本の仕事なんだよ。

今回、ＪＡＬでは、人のクビ切りを一万何千もやったから、手放しで喜べる状態じゃねえんだよ。

酒井　そうですね。

稲盛和夫守護霊　本当の名経営者だったらなあ、「あんなにクビを切らなければ再建できない」というのは情けないことだよ。まあ、胃ガンか何かの切除手術でもしたような感じかな。だから、あんまりいい感じではないな。

酒井　ＪＡＬは、ただでさえ、「組合の数が多く、力が強い」と言われている会社です。そのような状況《じょうきょう》のなか、リストラで人を切ることに対しては、そうとうの抵抗《ていこう》もあったでしょうし、本当におつらい心境だったと思います。

稲盛和夫守護霊　そりゃあそうだよ。

だから、俺にそれをやらせようと狙《ねら》ったやつは賢《かしこ》いかもしれないと思うよ。これは、いわゆる〝あれ〟だろう？　「火中の栗《くり》を拾う」っていうのは、こういうことを言うんじゃないか。これ以外にないだろう。そういう抵抗運動があるのは分かっていたから、年齢《ねんれい》にものを言わせて、（会長に）座《すわ》らせようとしたんだろう。

異業種の「JAL《ジャル》会長就任」は経営者としての最終試験

稲盛和夫守護霊　それに、異業種出身だから、「あんな、『セラミック』とか『電電』とかをやっていたような人間に、航空会社のことが分かってたまるか」という思いは、パイロットから整備士まで、みんな一緒《いっしょ》だろう?

酒井　そうですね。

稲盛和夫守護霊　だけど、それに対して、「どの業種にも、セオリーとしての経営というものが通用するかしないか」という真剣《しんけん》勝負をしているんだな。

つまり、「(稲盛氏が)業界を知らないから、うまくいかない」となるのか、

「（ＪＡＬ幹部が）経営を知らないから、うまくいかなかった」となるのかという戦いだな。

酒井　はい。

稲盛和夫守護霊　先ほど言われていた幸之助《こうのすけ》先生も、異業種でも経営をなされるような方だった。

どの道でもいいが、経営者として一つの道を究《きわ》めたら、「その道をほかのものにも生かせるかどうか」というのは、まあ、一つの試験だよな。「人に経営を教える能力があるかどうか」という最終試験だな。

いちおう俺も、「稲盛塾《じゅく》（盛和《せいわ》塾）」とかやってて、経営者を教えとるからさ、この年になって、「やってみせられるかどうか」という試験をされているわけだ。

試験は、若いころから落ちてばっかりでなあ、あんまり好きじゃないんだ。試験に落ちたら、よう分かるだろう。なあ？　落ちるのは嫌《いや》なもんだ。八十にもなって〝試験〟をされるのは、たまったもんじゃないよな。

これで落とされたら、今までの業績もパーだ。京セラの株も下がるし、電電も駄目になるし、もう、過去の業績を全部取り上げられる可能性もあるからさ。坊さんになったようなことも、「あんなの、ええかっこしいや」って言われて、それで終わりだな。

どうせ、「航空機の『こ』の字も知らんくせに、〝死に損《ぞこ》ない〟がよそから来て、会社を潰《つぶ》しよった」という感じで言われるからさ。

それを「逆風」と言ってもいいが、「門外漢は相手にしない」というのは、君らだって一緒さ。

もし、牛丼屋《ぎゅうどんや》チェーンの経営者がこの宗教に乗り込んできて、「宗教の〝経営〟をやる」と言ったら、それは抵抗するだろうが。ええ？

酒井　そうでしょうね。

稲盛和夫守護霊　「宗教の『し』の字も知らん。お経《きょう》も読んでないだろうが」というようなものと一緒だ。

サービス業なのに威張《いば》っているＪＡＬ《ジャル》が嫌《きら》いだった

稲盛和夫守護霊　俺は、（航空業界の仕事は）やってないよ。そのとおりだ。ただ、お客さんとして飛行機に乗ったことはあるから、「ＪＡＬ《ジャル》は駄目だ」ということだけは分かった。「これは駄目だ」というのはな。

まあ、俺は、サービス業について、それほど究めたわけじゃないけども、「こんなのは駄目だ」っていうことだけは、はっきりしてたからさ。嫌《きら》いで嫌いでしょうがなかったよ。会社が威張《いば》ってるんだよな。あのなあ、俺、エリートみたいに威張ったやつ、嫌いなんだ。

このＪＡＬっていうのは、最初は独占《どくせん》産業だったから、ものすごい人気で、競争を勝ち抜《ぬ》いて選び抜かれたパイロットとスチュワーデスだか何か知らんが、給料もよくて、憧《あこが》れられて、鼻も高かったんだろう？　俺らが地べたを這《は》っていたときに、肩《かた》で風を切って歩いとった連中だよな。そうだろうが？

酒井　そうですね。

稲盛和夫守護霊　だから、（セラミックスの）粘土《ねんど》をこねとったような男が説教を垂れて、「改善を求める」なんて言われるのは、連中のプライドが許さないだろうよ。

まあ、言わば、千葉の小湊《こみなと》の漁師が海軍に乗り込んできて、指揮をするようなものかな。

3　JAL《ジャル》再建を引き受けた理由

肥大化した「親方日の丸」経営にダウンサイジングを断行

酒井　今のお話にあったような厳しい状況《じょうきょう》のなかで、なぜ、JAL《ジャル》の経営再建を引き受けられたのでしょうか。まず、経営に対する稲盛先生の考え方から、お聴《き》かせいただきたいのですが。

稲盛和夫守護霊　俺《おれ》も、ダウンサイジング（規模縮小）の経験は初めてかもしれないけどな。まあ、減収増益の実験をしたかたちかな。そういう会社は、ほかにもたくさんあるだろうからさ。

こういうサービス産業というのは、普通《ふつう》、〝手足〟を伸《の》ばして、「広げれば広げるほどいい」って考えるものさ。あるいは、トロール網《あみ》みたいなもので、網が大きければ大きいほど、魚がたくさん獲《と》れるように思うわな。

酒井　はい。

稲盛和夫守護霊　まあ、そのなかでダウンサイジングをやったのでね。客室乗務員からパイロット、整備士と、人をたくさん削《けず》ったし、コストも徹底《てってい》的に削ったし、赤字路線の廃止《はいし》もしたからさ。それは抵抗《ていこう》するよなあ。

「いったん廃止してしまったら、もう復活させるのは難しいのではないか。

狸《たぬき》や狐《きつね》を乗せてでも、空を飛ばさなければいけない」というようなことを考えとる連中で、まあ、半分、「親方日の丸」だわな。
だから、これはしんどかったよ。でも、本当に「ご奉公《ほうこう》だ」と思ってやったんだ。君らの再建なんか手伝えんよ。自分でやるんだ。知らんからな。厳しさをちゃんと持っていれば、そんなふうにはならんだろうからさ。

酒井　はい。

「甘《あま》えたエリート組合《くみあい》」に必要だったショック療法《りょうほう》

稲盛和夫守護霊　組合《くみあい》もいいけどさ。「弱い者が生活を守るために組合をつくる」というのは、まあ、分からんこともないけど、エリートで威張《いば》っとる連中らが組合をつくるっていうのは、そんなの、ただの甘《あま》えだよな。「『親方日の丸』だから、絶対潰《つぶ》れない」と思うとるから、やれとるんだよな。

特に、交通機関が、ストを乱発して国民に迷惑《めいわく》をかけたり、賃上げや待遇《たいぐう》改善を要求して国際的信用を落としたりというのは、仏法真理《ぶっぽうしんり》に照らしても、はっきり言って、ほめられたことではない。「あぐらをかいている」とは、このことだよ。

何というか、自分らが恵《めぐ》まれた就職をして、社会人生活を送ってきたのをいいことに、(その水準を維持《いじ》するために組合活動を)やっとるというんだから、これは、根性《こんじょう》から叩《たた》き直さないといかん。まあ、ショック療法《りょうほう》が要《い》ったな。

同業であるＡＮＡ《アナ》との「決定的な違《ちが》い」はどこか

酒井　ＪＡＬがそのような状況に陥《おちい》った根本原因は、稲盛先生が今おっしゃったような「エリート意識」のあたりにあるのでしょうか。

稲盛和夫守護霊　うん、まあ、それもあるがなあ、うーん……。

もう一つは、〝あれ〟があるんじゃないか？　「デフレ」と「不況」の進行の両方があった時期に、外国のものも含《ふく》めて、安売りの航空会社がそうとう入ってきたところがあるわな。

もし、高い料金でやるなら、「高付加価値」でなきゃいかんのだけれど、（ＪＡＬは）別に、高付加価値を生んでいなかった。

とにかく、サービスが悪い。今までどおりにやってただけで、ワンパターンだよな。自分たちは前どおりにやってたんだけれど、ほかの安いところがどんどん新規参入してくるし、もっとサービスのいい外国の会社もあるし、もっといい機体を使っているところもある。それでも、旧態依然《きゅうたいいぜん》のマニュアル主義でやっとる。

そして、創業の気風がない。根本的にはこのへんが問題だな。

「乱気流の時代」には、経営環境《かんきょう》が変わったら、経営の手法も変えないといかんのだけども、そのなかでぬくぬくと育った、〝純血主義のサラブレッドさんたち〟は変えられない。な？

酒井　なるほど。ＡＮＡ《アナ》（全日本空輸）との決定的な違《ちが》いは、そのあたりなのでしょうか。

稲盛和夫守護霊　ＡＮＡは後発だろう？　後から出た。ヘリコプター会社（日本ヘリコプター輸送株式会社）みたいなものから、航空業界全体に出てきたので、最初から「追う立場」にあって、「競争」を意識しているところはあったよな。

だけど、ＡＮＡだって、そんなに安泰《あんたい》ではないだろう。国がかりでＪＡＬを助けて、債権《さいけん》を放棄《ほうき》させたり、いろいろな改革をして脚光《きゃっこう》を浴び、人気が上がった。はっきり言って、これじゃ、ＡＮＡだって生きた心地《ここち》はせんだろう。

今、わしは呪詛《じゅそ》されているかもしれんな。ＡＮＡの従業員が、みんな、一日五回ぐらい、メッカの方向にでも向かってお祈《いの》りしてるのではないか。

国民や日本のために引き受けたＪＡＬ《ジャル》再建

酒井　ＡＮＡや格安路線の影響《えいきょう》もあるでしょうが、そういった環境のなかで、稲盛先生は、何を柱とし、何を正しさとして、経営再建を進めようとされたのでしょうか。

稲盛和夫守護霊　まあ、最初に、「引き受けるかどうか」のところから、問題はあったよな。だから、座禅《ざぜん》というか、瞑想《めいそう》というか、自分の心に問うたわけよ。

酒井　はい。

稲盛和夫守護霊　わしは、ＪＡＬ《ジャル》は嫌《きら》いだから、本当は、「潰れても、別に構わん」と思ってたんだけどもね。

ただ、（ＪＡＬが）本当に潰れて、失業者を生み、政府が金でその穴埋《う》めをするだけでいいのかどうか。あるいは、赤字を垂れ流したままで、ずーっと走っていっていいのかどうか。まあ、いろいろなことを考えたよ。

それと、国民全体のことや日本の競争力を考えたらな、「ＡＮＡに独占《どくせん》させるのもよくないだろう」と思った。やはり、最低でも二つぐらいは大きいのがないといかんと思うしな。

危機感なき「ＪＡＬ《ジャル》の貴族体質」払拭《ふっしょく》のためにガツンと一喝《いっかつ》

稲盛和夫守護霊　まあ、放漫《ほうまん》経営は、あちこちで目についたよ。航空会社なのに関連事業もたくさんやっていて、そこの不採算もそうとうあったしね。だから、「これは、大鉈《おおなた》を振《ふ》るえば、かなり変えられる余地はあるな」という感じは、素人《しろうと》ながらあったよな。

ただ、「俺に正しい情報が上がるかどうか」のところには懸念《けねん》があった。下のやつらがほとんど官僚《かんりょう》主義になっているのは分かってたからさ。「経営判断に必要な情報」や、「自分たちが変えてほしくない内容」は上げずに蓋《ふた》をして、どうでもいいものだけ上げてくる可能性はあるからな。しかし、ほかの〝あれ〟もあるし、（他の）せいにすることもできるだろう？

例えば、「経営環境が悪いから」という言い方も、まあ、一部は当たってるし、「新幹線との競争が激しい」とか、「トヨタが車を売りまくっているからだ」とか、「ANAのサービスが向上したために負けた」とか、いろいろと人のせいにすることもできるから、「正直な経営ができるかどうか」というところには、やはり問題はあったな。

そういう意味で、何というか、禅の一喝《いっかつ》じゃないけど、頭からガツンとやって、JAL《ジャル》のなかの貴族体質を取っ払《ぱら》い、本当の意味での危機感を上まで知らせないといかんわけだ。

だから、クビ切りはなあ、本当はしたくないんだ。人の生き血が流れるような仕事はしたくないんだよ。

特に、俺みたいな門外漢が来たら、クビを切るにしても、「よく分からずに、見当外れのことをやっているのではないか」とか、そのクビ切りの対象になった人の選び方でも、「過去、俺は、こんなにプラスを出して、会社の経営に貢《こう》献《けん》したのに、全然分かっていないやつが来て、今、こんなふうにやっている」とか、そんな感じに言われるのは、目に見えてるからさ。

その意味では、「精神棒をズバッと入れるところから始めなければいけない。これに『胆力《たんりょく》』で負けて、成功しなかったら、何もできなくなる。旧態依然とした組合経営が続くだろう」と思ったな。

4　危機感が社員に「経営意識」を持たせる

社員に経営者の自覚を促《うなが》す京セラ流「アメーバ経営」

酒井　テレビ等では、「JAL《ジャル》は、稲盛会長の『アメーバ経営』といった手法や『フィロソフィ（経営理念）』で立ち直った」というように言われていますが、今、先生がおっしゃったように、同じ手法を使ったとしても、その前提としての「胆力《たんりょく》」がなければ、経営者はできないのでしょうか。

稲盛和夫守護霊　うーん、「アメーバ経営」というのは、下の人たちが小さな単位、ユニットをつくって、自分たちの経営に収支責任を持たせるやり方だけど、これは京セラのやり方だね。

これは、そもそも、どういうところから始めたのか。

名門企業《きぎょう》みたいに優秀《ゆうしゅう》なエリートがたくさん集まるところには、経営幹部要員もそうとう入ってくるので、ちゃんとした教育を施《ほどこ》せば、経営者になっていくんだけど、田舎《いなか》のオンボロ会社みたいなところから始めると、最初は、ろくな人材が来ないんでね（笑）。だから、「無《む》から有《う》を生み出す」というか、「空《くう》から存在を生み出す」というようなことが必要なんだな。

「自分は一介《いっかい》の技師だ」とか、「技術者だ」とか、「事務員だ」とか思っとる人はたくさんおると思うけども、そういう人たちも、全部が全部ではないが、一割や二割は、「経営者になりたい」という気持ちぐらいは持っとるわけよ。

だから、「エリートの経営陣《じん》に任しておけばいい。大船《おおぶね》に乗ったような気持ちでいろ」と言うなら、彼らは何もしないけど、経営陣がみんな失敗し、ボロボロになっていて、真《ま》っ赤《か》っ赤《か》の経営状態になっていれば、「自分たちも頑張《がんば》って経営の一員にならなかったら、会社は沈《しず》むぞ」という危機感を持って、彼らも頑張るわけだ。

この危機感があって初めて、「アメーバ経営」は成り立つんだ。これがなかったら、「上が一カ所だけあったら、それでいい」ということになる。

まあ、そういう意味で、無い物ねだりだけど、貧乏《びんぼう》会社、オンボロ会社では、小学校卒、中学卒、高校卒、あるいは中退みたいな人を集めてでも、経営者に育て上げないといかんわけだよ。「大卒の、しかも一流大卒で、特に成績のいい人ばかりを集めて安泰《あんたい》だ」という大企業みたいにはいかんのでね。

ただ、そういうところは、銀行なんかを中心に、この二、三十年の間で次々に統廃合《とうはいごう》されてきたからなあ。役所もそうだろう?　結局、学歴エリートだけで行けるものではないからね。

だから、経営マインドを持たせるには、やはり、危機感が大事だな。

それは、君ら、（幸福の科学の）職員もよく聴《き》いとかないといかんことだよ。

全社員が「常在戦場」の危機意識を持つ会社は強い

稲盛和夫守護霊　普通《ふつう》の社員、従業員はなあ、「給料分だけ稼《かせ》いでいればいい」と思っとるよ。だいたい、そんなもので、それ以上のことまでは考えんのだ。「われらを養うのは経営者の仕事だ」と思っとる。

経営者は、寝《ね》ても覚めても、二十四時間、経営のことを考えとるよ。普通はそうだよ。超《ちょう》安定企業以外はな。超安定企業以外、みんなそうだ。

だけど、まあ、私もそうだけども、経営者がガンになって入院するようなことだってあるわけだ。そういうときには、もし、経営判断を一人だけでしているようなところだと、急に会社が潰《つぶ》れることだってある。

そういうことを考えれば、民主的経営というわけじゃないけども、やはり、日ごろから、末端《まったん》の社員に至るまで、「常在戦場」の精神で、常に危機感を持ち、「自分たちにできることはないか」と考えることを教えるのが大事だ。

例えば、トヨタなんかも、一流企業だから、それは優秀な人がたくさん入っているだろうし、エリートの経営者も多いんだろうけど、そんなところでも、工員さんは、別に、エリートというわけではない。そのエリートではない、万単位もいるたくさんの工員さんたちにも、経営マインドを教えて、やらせている。やはり、そういうところは強いよな。不況《ふきょう》があったり、円高があったりしても、あっという間にリバウンドしてくる。タイの洪水《こうずい》で現地工場が被害《ひがい》を受けた（二〇一一年）と思っても、またリバウンドしてきたよな。今年（二〇一二年）の前期には、「（販売《はんばい》台数で）また世界ナンバーワンに返り咲《ざ》こう」とか言っていたけど、そのように、大被害を出してもリバウンドしてくる。

そういうふうになるためには、「社員全員に経営意識、危機意識を持たせる」ということが大事だ。

まあ、やっぱり、胆力勝負だったね。最初は、「（会社から）弾《はじ》かれるかどうか」というところと、「こんなオンボロのじいさんは、年を食っているから、もう役に立たないのではないか」という見方との戦いだったよ。

5　JAL《ジャル》再建を通じての「二つの貢献《こうけん》」

「七十歳《さい》以上の元経営者」は日本に眠《ねむ》っている〝資産〟

稲盛和夫守護霊　今回、わしは二つの貢献《こうけん》をしたと思う。

一つは、「経営道というものは、異業種であっても通じる」ということを示したことだな。まあ、これは、わしが経営塾《じゅく》なんかを主宰《しゅさい》したりしている存在意義の証明でもある。

もう一つはなあ、わしは、「年寄りに夢を与《あた》えた」と思ったな。

酒井　そうですね。

稲盛和夫守護霊　松下《まつした》さんは、「老害」という批判を受けつつも、九十代まで経営をしておられた。年を取ると、確かに、体力は落ちるし、下手をしたら気力も落ちることはあるけど、「経営経験」と「智慧《ちえ》」というものは高まるんだな。

つまり、三十歳《さい》や四十歳ではとうてい手に入れられないものでも、七十歳、八十歳、九十歳ではありうるわけだ。

だから、今、日本に眠《ねむ》っている資産の一つはな、そうした七十代、八十代、あるいは九十代の元経営者たちなんだ。彼らは、今、年金生活をしたりして、プラプラと遊んどるわけだ。でも、実際に働いている若い人たちよりも経営能力の高い人がたくさんいるんだよな。こういう人をもっと大胆《だいたん》に使ったほうがいい。

やはり、「人間、機械的に辞《や》めさせていけばいい」というものではないよ。(人材の)見極《みきわ》めがつかんから、そうなるわけでな。

その意味で、年寄りに、ちょっと夢を与えたなあ。

だから、この日本の国を元気にし、活発にさせるのは、若者だけじゃないぞ。

酒井　そうですね。

稲盛和夫守護霊　「年寄りにだって、この国を、もう一回、繁栄《はんえい》させる力はあるんだ」ということを実証してみせた。それも短期間でな。

これが十年二十年とかかったら、みんなも分からんけど、短期間でやってみせたので、「ほかの老経営者たちに勇気を与えた」と、わしは思う。結果を出したんだから、「老害だ」なんて言わせんよ。やはり結果だよ。

酒井　そうですね。はい。

経験と智慧《ちえ》があるからこそ大胆《だいたん》な決断もできる

稲盛和夫守護霊　普通《ふつう》は、「若ければ、判断が速く、果断で、急いで仕事をして、大改革ができるのではないか」と、そう思うわな。経営学の教科書を読むと、どれも「若返り」の必要ばかり書いてるしな。「若い人だったら、大胆《だいたん》にできる」とね。

しかし、「大胆だけど、それは、ものを知らないだけ」ということもたくさんあるからね。

逆に、「よく知っているからこそ、大胆になれる」ということもある。どれだけみんなが反対したとしても、「これを行ったほうが、絶対に結果はよくなる」と分かるところもあるからな。

ただ、クビを切った一万数千の人たちに対しては、すなわち、五万人近くいた会社が三万人余りになったことに対しては、私は僧侶《そうりょ》でもあるから、本当に〝弔《とむら》いたい〟気持ちはあるよ。彼らを路頭に迷わし、ほかに転職させたり、失業させたりしたことに対しては、本当に、「人命を殺《あや》めたような気持ち」を持っておる。

だけども、五万人近くの会社が三万二千人ほどになったとしても、この

ＪＡＬ《ジャル》という会社が生き残ることで、まだ、国のお役に立ち、国民のお役に立ち、世界の人々のお役に立つことができるなら、その企業《きぎょう》を〝生き物〟として存続させることにも意味があるんだと思う。

そういう人たちの一人ひとりにとっては不幸になる部分があったとしても、「企業体として、三万人以上の人の職場を維持《いじ》し、社会に貢献できるほうが大きいんだ」ということを自分の肚《はら》に落とし、覚悟《かくご》ができたから、大胆なこともできたわけだね。

まあ、かつての松下経営にも、「一人もクビを切らない」というのがありましたけど、最近の松下、いや、パナソニックでも、クビ切りはアメリカ型でやってますよね。

そういう、戦前のような温情主義で、「一人も切らない」というのも、まあ、立派なことだとは思うけども、やはり、税金まで投入して助けてもらおうとするときに、自らも〝血〟を流さないわけにはいかんよな。自分たちは痛みもなく、税金だけで救われるなんていうのは、「潰《つぶ》れかけの赤字経営の産業」や「補助金漬《づ》けの経営」と一緒《いっしょ》になってしまうからなあ。

6　経営に生かす「仏法《ぶっぽう》の厳しさ」

労働組合の発想は「浄土真宗《じょうどしんしゅう》的な考え方」に近い

酒井　稲盛先生は、「仏教を学び、経営に生かした」とのことですけれども、ともすると、仏教を甘《あま》いもの、優《やさ》しいものと考えてしまうような経営者もいると思うのですが。

稲盛和夫守護霊　うん、君らにも、その傾向《けいこう》があるから、気をつけたほうがいいよ。あのね、仏教は、もうちょっと厳しいよ。

酒井　はい。仏法《ぶっぽう》の厳しさ、あるいは、仏法の真髄《しんずい》について学ばれ、それを、どのように経営のなかで生かしていかれたのでしょうか。

稲盛和夫守護霊　うーん、まあ、わしは禅宗《ぜんしゅう》系だからさあ、仏教のなかでも、いちばん、気合いや気迫《きはく》というか、「禅定力《ぜんじょうりき》」「精神力」について言うところだよな。だから、浄土真宗《じょうどしんしゅう》みたいなところとは正反対かな?　「誰《だれ》でもお救いしますす」というほうへ行くと、ある意味で、左翼《さよく》経営のようになるところがある。

酒井　そうですね。

稲盛和夫守護霊　また、組合経営《くみあい》も、そういうことだろう？　組合経営には、「仕事ができない人ほど、転職できなくてかわいそうだから、養ってあげなければいけない」みたいなところがあるじゃない？　もちろん、自分たちを守るためにつくっているんだからな。だけど、それは真宗みたいな考えにちょっと近いな。

酒井　はい。

「優《やさ》しさ」だけでは経営はできない

稲盛和夫守護霊　禅宗は厳しい。そもそも、入門を許されないからな。入門をお願いしても断られて、三日ぐらい（寺の玄関《げんかん》で）座《すわ》り続けないと、なかなか入れてくれないぐらいの厳しさがある。すぐに叩《たた》き出されたり、縁側《えんがわ》から蹴《け》り飛ばされたり、痛棒《つうぼう》を喫《きっ》したりするような厳しさがある。

だから、同じ仏法でも、種類によって分かれているよな。

酒井　そうですね。

稲盛和夫守護霊　まあ、お釈迦《しゃか》様のなかに、「折伏《しゃくぶく》の厳しさ」と、「摂受《しょうじゅ》の優《やさ》しさ」の両方があったからだろう。

だけど、経営になると、「厳しさ」のほうが少し強く出てこないと、バランスとしてはよくないと思う。「優しさ」だけでは、残念ながら（経営は）できんな。

もし、原油が下から無尽蔵《むじんぞう》に噴《ふ》き上げていたら、それはそれでいいと思うよ。「税金を取らなくても国民を養える」みたいなところであれば、それでもいい。だけど、普通《ふつう》はそうじゃないから、やはり厳しい面のほうが必要だ。

要するに、経営者には、釈迦で言えば、「指導者養成」の厳しい面や、戒律《かいりつ》を破ったり和合僧破壊《わごうそうはかい》をしたりした者に対して厳しく叱《しか》るような面が出てくるところもあるよな。うん。

まあ、小さいうちは、温情経営、家族型経営をしてもいいけどな。

「事業の動機は善かどうか」を振《ふ》り返ることが大事

酒井　仏教には「反省」の教えがありますが、幸福の科学では、「経営者は反省が非常に苦手《にがて》だ」と言われています。稲盛先生は、「反省」と「経営」を、どのように結びつけておられるのでしょうか。

稲盛和夫守護霊　わしは、ずばり、そういう「反省」というふうに思うわけではないけれど、「自分を振《ふ》り返る」ということだな。自分を振り返って見つめることは大事だと思うとるよ。

だから、新規の事業なり商売なりを始めるときに、いつも、「自分を振り返れ」ということも言うてますよ。

まず、「動機は善かどうか」が大事だ。

「善なる動機をもって、これを行おうとしているか。動機のなかに不純なものがあるかどうかを考えよ」とね。もし、不純なものがあったら、やっちゃいけないと思うんだな。たとえ儲《もう》かるものでも、不純なものがあってはいけない。

君らは、最近、マスコミをちょっと騒《さわ》がしているみたいだけどもさ（注。収録当時、一部の週刊誌が幸福の科学を誹謗中傷《ひぼうちゅうしょう》する記事を掲載《けいさい》していた。『徹《てっ》底霊査《ていれいさ》「週刊新潮《しんちょう》」編集長・悪魔《あくま》の放射汚染《おせん》』〔幸福の科学出版刊〕参照）。マスコミのなかの不純なもの、動機のところに、かなり怒《おこ》っているのではないか。

酒井　はい、そうです。

稲盛和夫守護霊　な？　だから、「『金さえ儲かればいい』というのとは違《ちが》うのではないか。そういう考え方は、文章の道を究《きわ》め、文章で真剣《しんけん》に生きていこうとする人たちを冒瀆《ぼうとく》しているのではないか」というところを怒っているように、わしは感じるけどね。

酒井　そうですね。

再建目的だとしても〝ＪＡＬ《ジャル》キャバレー〟開業では動機不純

稲盛和夫守護霊　「結果的に儲かりさえすればいい」と言うなら、別に、ああいうふうにＪＡＬ《ジャル》の再建をしないで、〝ＪＡＬキャバレー〟をたくさん開いてもよかったんだよ。

まあ、きれいなのをだいぶ採っているんだから、余ったＣＡとかが、その〝ＪＡＬキャバレー〟で、一生懸命《いっしょうけんめい》に、「歌って踊《おど》って、お酒を出す」といった客サービスをすることもできたわけだ。そういうのは、みんな得意だろうから、それを全国でやれば、クビ切りを抑《おさ》えながらやれたかもしれない。

しかし、そんなものでは、「動機」が合わないじゃないか。動機が合ってないものは、やはり、できないよな。

だから、そういう意味で、「再建」という結果があるとしても、動機や目的に不純なものがないかどうか。そこに不純なものを感じたら、手を出さないことが大事だ。

バブル期にも土地転売に手を染めなかった松下幸之助《まつしたこうのすけ》

稲盛和夫守護霊　それは、幸之助《こうのすけ》さんで言えばさ、バブルの時代にも、「工場用地を余分に買わなかった」という話があったよな?

酒井　はい。

稲盛和夫守護霊　例えば、工場に五千坪《つぼ》必要だったとすると、田舎《いなか》に工場を建てるときに一万坪買っておく。そうすると、工場を建てたあとに、絶対値上がりして、地価がバッと二倍ぐらいに上がるから、そこで五千坪分を売り飛ばせば、実質、工場の土地代がタダと同じにできるよな? 地上げだ。ダイエーは、これをやったわけだな。

ダイエーは、大きな土地を買っておけば、必ず値上がりして担保価値が上がるから、それで融資《ゆうし》を受け、また大きい土地を買って、値上がりするのを待つことを繰《く》り返していった。

そごうにも、そういうところがあったな。駅前の大きな一等地を買い、値上がりして担保価値が上がると、融資を取り付け、さらに次の土地を買っていくことで、全体の資産を膨《ふく》らましていくようなバブル経営をしとった。

けれども、幸之助さんは、それをしなかったよな。なぜかと言うと、「『電気屋が不動産業に手を染める』というのは間違いではないか」と考えたからだ。

電気製品で儲かる利幅《りはば》っていうのは小さいよ。しかし、利幅は小さくても、数多くの製品をつくり、国民全体に使ってもらうことで売り上げを立てているわけだ。そういう会社が、何もしないで、「土地を買っておいたら、値段が上がったので、それを転売したり売り抜《ぬ》けたりして儲ける」みたいなことをやるようになったら、要するに、不動産の値上がりでもって利益を食《は》むようになったら、それは、やはり、おかしくなっていくよな。だんだん、そちらのほうに行くようになるから、本業が駄目《だめ》になる。

それと同じで、やはり、基本的には、「動機と目的のところが非常に大事だ」

と、私も思うな。

幸福の科学の「ディズニー研修企画《きかく》」に一喝《いっかつ》！

稲盛和夫守護霊　だから、今、君らも、いろいろな関連事業を始めている時期だろうと思うけどさ、やはり、「動機が善なるかどうか」だね。自分の名誉心《めいよしん》とか虚栄心《きょえいしん》とかのためにやっていないかどうか。あるいは、単なる金儲けのためにやっていないかどうか。そういうことを常に振り返らないといかん。

それから、目的は「仏国土《ぶっこくど》ユートピアづくり」か？　それに合っとるかどうかだな。やはり、そういう点検はキチッとしないといかんな。

最近は、ウォルト・ディズニーを呼んだんだろうが（注。本霊言《れいげん》の二日前〔七月二十八日〕に「ウォルト・ディズニーの霊言」を収録した）。

酒井　はい。

稲盛和夫守護霊　わしの話よりも面白《おもしろ》いとは思うよ。ディズニーのほうが、話は面白い。

だけど、あんたらなあ、僧職にある者が、みんなでミッキーマウスの着ぐるみを着て、精舎《しょうじゃ》で客を呼んでサービスしてね、禅定させるわけにはいかんのだよ！　それは、どうしても！

まあ、子供用に、多少のショーはあってもいいかもしらんけど、そういうのは、坊《ぼう》さんが、みな、ミッキーマウスの着ぐるみに入ってやっちゃあいかんぜ！　なあ！

酒井　はい。

稲盛和夫守護霊　「これは、わしが一言、釘《くぎ》を刺《さ》しておこう」と思ってな。ディズニーの（霊言）をやっとるのを見て、「これは気をつけんと間違える。これは違うかな」と思ったんだよ（注。「ウォルト・ディズニーの霊言」収録時、質問者がキャラクターグッズを身につけて臨《のぞ》んだ）。夏休み（二〇一二年）からやるんだろうが？

酒井　そうですね。

稲盛和夫守護霊　ディズニーは、ディズニーとして成功したんだ。だけど、たかがなあ、「ネズミのキャラクターを有名にして、金儲けをした」っていうぐらいのレベルと、君らの目標とは違うだろうが。だから、それを間違ったらいかんぜ。

俺《おれ》は、別に、ディズニーの研修を潰《つぶ》す気はないけどさあ。実際に、子供を喜ばせればいい業種もあるから、そういう人には、研修を受けて勉強してもらえばいいと思うよ。

だけど、宗教には、宗教としての〝経営〟があるし、宗教のコンセプトや目標があるんだからさ。安易な、イージーな取り組み方をしちゃいかん。まあ、これは、今日、私が出てきた理由の一つなんだ。

酒井　そうですか。ありがとうございます。

稲盛和夫守護霊　ちょっと気になったから、一喝《いっかつ》しに来たんだ。「金さえ儲かればいい」と思ってやるんだったら、「ちょっと待った！　これは、君らの宗教法人の存立そのものにかかわることだ！」ということだな。

「経営の趣旨《しゅし》・目的・動機」を常に問え

稲盛和夫守護霊　だから、ディズニーランドの批判をしているわけではないよ。あれは立派な企業だ。大成功したよ。「私の企業の成功と比べて、彼らが劣《おと》っている」ということは絶対にない！　ある意味では、もっと大きいかもしれない。世界的に有名で、もっと多くの人に夢と希望を与《あた》えたかもしれない。

だけど、経営をする者は、自分の経営の趣旨《しゅし》・目的・動機、これを常に問わないといかんと思う。

大川隆法さんが「仏陀《ぶっだ》」を名乗っておられるのか、「エル・カンターレ」を名乗っておられるのか、私は、正確にはよく知らん。イエスなのか仏陀なのかは知らんけど、やはり、宗教としての性格の違いはあっても、究極において、目的は同じはずだから、そこを外したらいかんよ。

俺は、「反省」の話を訊《き》かれたのか。それなのに、説教をして悪かったな。

酒井　いえ、とんでもないです。ありがとうございます。

それでは、次の質問者に替《か》わらせていただきます。

7 「考え方の甘《あま》さ」を自覚せよ

「仏教に発展の思想がない」というのは間違《まちが》い

武田　「宗教と発展の関係」について、お伺《うかが》いいたします。
宗教全般《ぜんぱん》、特に既存《きぞん》の伝統宗教には、発展・繁栄《はんえい》の思想があまりないように思われます。

稲盛和夫守護霊　うーん。

武田　もちろん、仏教であれば、「仏教的な社会を広げていく」ということが、それに当たるのかもしれませんが、宗教を経営に生かされた稲盛先生としては、「経営における発展・繁栄の考え方」と「宗教的理念や哲学《てつがく》」の関係について、どのようにお考えでしょうか。

稲盛和夫守護霊　まあ、「仏教には発展・繁栄の思想がない」というのは嘘《うそ》だよ。

どこの宗派だって、お寺をたくさん建てておるけど、「お寺を建てて、住職を置き、多くの人を教化《きょうけ》したい」という気持ちは持っているし、持ってないやつは嘘つきだ。それは、ヨガの行者《ぎょうじゃ》のレベルであって、ヨガの行者は一人でやっているけど、それだけでは宗教ではないわな。

だけど、宗教と名が付けば、やはり組織性は必ず付いてくる。組織なるものが自分たちの持っている理念を広げたい気持ちを持つのは、当たり前のことだ。その意味で、「仏教には発展・繁栄の思想がない」というのは、結論として間違《まちが》いだと思うな。厳しさのなかにも、発展・繁栄を求める心は要《い》ると思う。

〝坊《ぼう》さん修行《しゅぎょう》〟で実感した「お金のありがたみ」

稲盛和夫守護霊　ただ、もう一つ、お金との関連で言えば、私も、〝坊《ぼう》さん修《しゅ》行《ぎょう》〟をしたときには、編み笠《がさ》をかぶり、墨染《すみぞ》めの衣《ころも》を着て、托鉢《たくはつ》をしたし、そこでは、一円を入れてもらったり、十円を入れてもらったり、五十円を入れてもらったり、百円を入れてもらったり、いろいろあったけど、「（お金を頂くことの）ありがたみ」というものが、よく分かったな。

企業《きぎょう》の経営者をやっていると、一億円や十億円、百億円ぐらいの金は、現実に、そんなに大きく見えなくなってきていた。「一千億円ぐらい、ポンッと使ってやる」というような気持ちはあったよ。

ところが、実際に、「托鉢をして、その日の糧《かて》の分をお布施《ふせ》で頂く」という経験をすると、その一円、五円、十円というもののありがたみは、ズシッと来たわなあ。

やはり、経営の規模が大きくなったら、人間は陶酔《とうすい》もするし、数字に麻痺《まひ》するようになってくるんだよ。だから、「ときどき、原点帰りをしなくてはいかん」という感じはする。ときどきは、質素な生活のなかに、ありがたみを感じるものがあってもいいかな。

「金満宗教」に見られないためのアドバイス

稲盛和夫守護霊　まあ、君らが批判を受けている理由の一つには、「金満宗教みたいに見えている」というところもあると思うんだ。

それは、たぶん、ベストを求めているからだとは思うよ。何事にもベストを求めているんだろうし、お金がなければ、自動的に貧しくなるからね。そうしたら、鉄筋コンクリートの精舎《しょうじゃ》が、藁葺《わらぶ》きの精舎に変わるのは当然のことだよな。

今、ある程度のスピードで、いいものを建てているから、そのへんを批判されているところもあるんだろう。

ただ、全部が、あまり極端《きょくたん》にならないように、両方とも経験したほうがいいな。経営的に見れば、いつもいいときばかりではなく、ときどきは、厳しい目に遭《あ》うことも大事かと思う。

だから、宗教に奉職《ほうしょく》している者たちが、一流企業に勤めたような気持ちになってきたら、ちょっと危ないと思うなあ。それでは、必ず、〝ＪＡＬ《ジャル》化〟するから、問題だよ。

やはり、一円、五円、十円のありがたみを知らねばいかん。お寺のお賽銭《さいせん》なんて、普通《ふつう》は、五円や十円ばかりだ。百円が入っていればいいほうだよ。

それなのに、君らは、けっこう、何千円、何万円、何十万円と、スッともらえるんだろう? ありがたい話だよな。

だけど、それは、「現在進行形で、大川隆法さんに偉大《いだい》な神霊《しんれい》がかかってきて、ご指導なさっている」という神秘性のありがたみが加わっているから、そうなっているんだよ。大川総裁が地上を去られて、弟子《でし》たちの時代になった場合には、そのありがたみがなくなることはあるわけだ。

それで、お寺みたいに、十円や五十円、百円ぐらいのお賽銭の時代になったら、下手すれば、経営規模は百分の一になってしまう。（キリスト）教会だって、一ドル札一枚で、日曜日の集会をやっているんだろう?

そのレベルに落とされたら、今やっているもの全部が、あっという間に、〝JAL化〟するよ。完全に、JALみたいになってしまう。本当だよ。

幸福の科学の幹部に感じる「脇《わき》の甘《あま》さ」

稲盛和夫守護霊　そのへんを分かっていない人が、大勢いると思うな。わしは、そのへんの脇《わき》の甘《あま》さを感じるんだ!

もしかしたら、「今が普通ではない」ということを忘れているのと違うかなあ。「宗教は、みな、こんなものだ」と思ったら間違いだよ。普通は、こんなものではないんだ。

もちろん、「動機が不純で、トリックがうまく、騙《だま》しのテクニックで金儲《かねもう》けがうまい」という宗教は信じにくいよな。

しかし、そういうのは、犯罪性を帯びたりして社会的糾弾《きゅうだん》を浴び、必ず潰《つぶ》れていく。やはり、因果応報《いんがおうほう》の理《り》が働いているわな。たいていの場合、そうなってるよ。インチキをやった者は、（一時期）いい思いをしても、そのあとで必ず厳しくなり、教祖でさえ刑務所《けいむしょ》へ入ったり、死刑になったり、いろいろなことが起きている。オウムだって死刑だろう？

まあ、ほかの詐欺《さぎ》をやって、（刑務所に）入っている者もおるけど、騙してお金を儲けたら駄目《だめ》だよな。

ここ（幸福の科学）は、騙しをやらないわけで、そういう、真っ正面から正直にぶつかっているところは評価される。

ただ、仏陀《ぶっだ》かキリストか、あるいはそれ以上の者なのか、私ごとき、仏教と経営を股《また》がけしたレベルの人間には、よくは分からないけども、ありがたみの源泉は、「現在ただいまに、偉大な神霊が降りた」と、みんなが信じ、教えている人も嘘でないと信じ、やり抜《ぬ》いていることにある。そういうことに伴《ともな》ってお布施が集まっているわけよ。

だから、「このお布施が、将来的に、十分の一、百分の一に落ちる可能性がないわけではないのだ」と知っておいたほうがいい。

宗教は、ほかにもたくさんあるよ。救済力のない宗教だってたくさんあるし、

「宗教なんかなくてもいい」という人も日本には大勢いる。「宗教なんかなくして、税金を払《はら》ってもらえ」と言っているところだってあるわけだからさ。考え方に甘いものがあるんだったら、折々に引き締《し》めをやらないといかんと思うな。

武田　ありがとうございます。

私たち幹部が、まず、己《おのれ》に厳しくあり、責任感を高め、経営マインドを持って事に当たらなければならないと痛感いたしました。

8　ロングヒットを生み出し、経営を安定させよ

〝消費型〟宗教になっている幸福の科学への懸念《けねん》

武田　長期展望という観点について、お伺《うかが》いいたします。

稲盛先生は、これまで、「京セラ」や「第二電電」など、未来を見据《みす》えて、新しい分野で創業してこられたと思うのですが、「経営において、新機軸《きじく》を見いだしていく」ということについてアドバイスを頂けたら幸いです。

稲盛和夫守護霊　うーん、そうだねえ。ちょっと問題だと思うのは、「需要《じゅよう》を

生み出し続けるような仕事が、あなたがたにつくれているのかどうか」というところだなあ。

もちろん、伝統仏教には、法事《ほうじ》や葬式《そうしき》があるけども、何百年もかかって、何とか食べていけるようになっているよな。

一方、幸福の科学は、新しいことを思いついて、いろいろなことをやってはいるけども、やや、〝消費型〟宗教になっていることは事実だ。

もちろん、新しいものも大事だと思うよ。私も、新しいものに取りかかってきたからな。

ただ、そうしたことは大事なんだけども、新しいものをつくったら、それをある程度、メジャー化して、続いていくものにしないといかんわけよ。

例えば、大塚《おおつか》製薬が、毎年、新しいドリンクを出したって構わない。だけど、開発費用から、機械の投資費用、仕入れの費用等、あるいは、その仕事に対する熟練期間等を考えると難しいわな。

毎年毎年、新しい商品を出して、「今年はまた別の商品です。新しいトレンドです」と言って売れば喜ばれるよ。洋服などには、そういうところがあるからね。ファッションには、毎年毎年、新しいトレンドがあるし、そういう部分も確かに要《い》るよ。新商品は絶対に要る。

「使い捨て型」ニュービジネスの危険性

稲盛和夫守護霊　だけど、例えば、今の俺《おれ》たちの仕事の先に、ニュービジネスがあるよな。コンピュータ産業の先に、グーグルやら、フェイスブックやら、いろいろと似たようなものがたくさん出てきている。

こういうニュービジネスものは、数年もたてば古くなるから、イノベーションに遅《おく》れると、たぶん、やられて潰《つぶ》れてしまうと思うよ。

客のほうは、それなりに楽しめて面白《おもしろ》いのかもしれないし、今、ＮＴＴみたいなところが、「携帯《けいたい》電話を毎年買い替《か》えさせる」というようなことをやっている感じはするけど、それが永続する姿であっていいはずがないよな。

みんなが金が余っていて、趣味《しゅみ》の世界で生きている人が大勢いるなら、それでもいいけど、やはり、本来の姿ではないよ。

本来、電話は、壊《こわ》れるまで延々と使えたものだった。そういう耐久性《たいきゅうせい》のあったものが、「使い捨て型」に変わってきてるよな。

これは、ある意味で資源の無駄《むだ》だし、設備投資や開発費の無駄も生じているわけだから、激しい競争のなかでは、今後、淘汰《とうた》が数多く起きてくるだろうね。

今、脚光《きゃっこう》を浴びているニュービジネスの大半は、三十年後にはないよ。たぶん、消えている。みんな、ほかの仕事をやっていると思うね。

そういう、新しいものを求める流れのなかにあって、ずっと続いているもののすごさを認めなくてはいけないね。それは、なぜなのか。何百年も続いているような老舗《しにせ》のすごさを、やはり知らなくてはいけない。

新しい飲料をつくり出す面白さもあるけれども、ワインのように、古ければ古いほど値打ちが出てくるものもある。あるいは、日本酒のように、何百年もつくり続けているものもある。こうした「続くものの強さ」も、今は、勉強しておかないといかん時期だよ。

それから、新しいものをつくっても、それが大きく広がって、みんなに使い続けられる部分を持っていないと、組織体としての安定度は低いわな。やはり、長く続いていくものを持たないといけない。

「霊言《れいげん》を禁じられるリスク」を考えているのか

稲盛和夫守護霊　こんな「稲盛の守護霊霊言《れいげん》」が売れるかどうか知らんけど、今は、まだ、目新《めあたら》しいものが、たくさん出るんだろう。ただ、あまり出すぎると、そのうち、「これは、いかがわしい」とか言って、嫉妬《しっと》も絡《から》めたバッシングがたくさん起きてくるかもしれないし、まあ、すでに起きているのかもしれないよな。

やはり、こういうことは、普通《ふつう》、できはしないことだからね。

私であれば、「稲盛のインタビューを録《と》りたい」と言ってきても、そう簡単には広報部門が「うん」と言わないから、たまにしか録れない。だから、インタビューが出たら、スクープ風になるわけよ。

それを、「簡単に無料で呼んで、原価もタダで、〝取材拒否《きょひ》ゼロ〟で、全部やれて、ボンボンと本が出せる」となったら、一般《いっぱん》的な原理のなかにいる出版社やメディア系は嫉妬するわな。

だから、「何か、きっかけがあれば、それで引っ掛《か》けて、迫害《はくがい》したり、弾圧《だんあつ》したりしたい」という気持ちに駆《か》られることはある。そういうことはあるよ。そんなことがあって、新しいものをたくさん出せないようになってくるかもしれない。

例えば、今、君たちは、与党《よとう》を攻撃《こうげき》してるけど（収録当時に政権政党だった民主党のこと）、与党が、「生きている人の守護霊、あるいは、死んで五十年以内の人の霊言なるものを出すことを禁ずる」というような法律を通そうと思えば、通せないことはないかもしれないよ。

その場合、あなたがただけが対象になるわけだから、あなたがたを潰すために、収入源を絶とうとしたら、そんなやり方だってできなくはないわな。

まあ、ソクラテスだって、そういうことでやられたようなもんだよ。ソクラテスは、自分の守護霊が言う内容で判断していたところ、「それは、伝統的なギリシャの神様とは対立する」ということで迫害されたんだからさ。

類似《るいじ》のパターンで言えば、稲盛のような新しい人は、本当に〝神様〟になっているかは分からないことになる。

ここに、あなたがたが印刷した資料があるけど、「稲盛」の「盛《もり》」は、「盛り上がる」とか、「盛りだくさん」とかの「盛」なのに、「稲」の「森」と書いたよなあ。

武田　（苦笑）失礼しました。

稲盛和夫守護霊　「稲の森」には狐《きつね》が出てくるだろう？　だから、「これは、『稲盛の守護霊』ではなく、『狐コンコン』が出てきて話しているのだ」という説を立てるやつが出てくるかもしれない。

例えば、宗教学者なり、ジャーナリストなりもそうだし、あるいは、同業の他の宗教家とか、テレビなどで有名な、「霊が降りる」と称《しょう》する人とかが出てきて、「あれは、『稲の森』の『お狐コンコン』が出てきて、毎回、ほかの人の名前を騙《かた》っているだけで、本体は狐です。いつも同じ狐が話しているのです」と言って盛り上げられ、評判にされて、毒水を流されたら、君らが消されることだって、ないわけではない。

だから、そういうときにでも生き残れる宗教でなければならないね。

「成功」と「危機」とは表裏一体の関係にある

稲盛和夫守護霊　その意味で、あなたがたは、けっこう危険な賭《か》けもやっている。ただ、リスクを負って勝負をかけるのも大事だけども、そうでない部分も持っていないとね。やはり、宗教としては、堅実《けんじつ》に耕して、維持《いじ》できる部分もつくらなきゃいけないよ。

「アメーバ経営」ではないけども、平凡《へいぼん》な職員たちが、堅実な宗教活動でもって運営を続けていける部分を大事にしないといかんところもあるわな。

ここは、総裁が器用で、インスピレーショナブルで、新しいことを好むので、それでけっこうやれているけど、やはり、ロングヒットはいいよ。

先ほど例に挙げた大塚製薬で言えば、毎年、新しい商品を出してもいいけど、オロナミンCみたいに何十年も売れ続けるものをつくったら、経営は安定するよな。大塚食品のボンカレーでもいいよ。あれだって、長く食べ続けてもらえれば安定する。

毎回毎回、小さく小さく、つくらなくてはいけないやり方は、アイデアが出続けるうちはいいけど、大きな会社として安定させ、従業員をリストラしないで済むようにするには、やはり厳しいよ。

JAL《ジャル》で言えば、「空を飛べればいい」というのでは、空を飛ぶところがたくさん出てきたときには厳しいわな。だから、「機体の研究」や、「接客の研究」等、いろいろやっているとは思うけど、それでも後手後手《ごてごて》になってくるところはある。

そういう意味で、「成功」と「その背後に忍《しの》び寄る危機」とは、実は裏表《うらおもて》のものなんだ。

今、週刊誌等から受けている攻撃が、単に彼らの嫉妬と見えているかもしれないけども、それは、経営基盤《きばん》に対する攻撃をかけられてもいるわけだよ。それを知らないといかんわな。

「枝葉《えだは》」のほうから攻《せ》めてくるのがマスコミ的には普通《ふつう》の手

稲盛和夫守護霊　私についても、再建に成功したところだけを善意に捉《とら》えてくれている分には、そういう報道もなされるし、テレビにも出るかもしれない。だけど、もし、左翼《さよく》的なマスコミが強くて、報道基準も全部、左翼思想的なもので固められていて、再建に光を当てずに、クビ切りされた一万何千人のほうばかりを取材して回られてごらんよ。それで報道番組を二時間も組まれたら、どう見ても私は極悪人《ごくあくにん》だよね。

きっと、答えて言っていることは不満ばかりだ。「稲盛が成功しただなんて、とんでもない」「JALが、不当労働行為《こうい》だとか、不当クビ切りだとかで、どれだけ訴《うった》えられていることか」という感じだろう。

考えてみれば、こういう切れっ端《ぱし》というか、枝葉《えだは》のほうから攻《せ》めてくるのは、マスコミ的には普通《ふつう》の手だよ。まあ、JALの場合は、あまりに大きな倒産《とうさん》だったために、「これを救うことが大きな命題だ」ということは、みんなが分かっていたから、それは、私に対しての追い風にもなったと思うし、私が年寄りだから同情した面もあるかもしれない。

だけども、一般的には、クビにされて訴訟《そしょう》しているやつの声を録《と》っていくから、それをされたら、たまったもんじゃないよな。証人が、千人も万人も出てくるだろうし、〝生き残ったほう〟の取材をほとんどしなければ、私は極悪人の烙印《らくいん》を押《お》されるよ。

たまに取材しても、「稲盛は高慢《こうまん》な人だ」「傲慢《ごうまん》で何も知らないくせに、偉《えら》そうに言う人だ」「赤字路線を廃止《はいし》して、人のクビを切ったら、それで黒字になった。こんなことは、誰《だれ》でもできることじゃないですか」などと言われるかもしれない。結論として、そう言おうと思えば言えるよな。

しかも、編集方針によって、そういう報道だって流せるわけだ。

幸福の科学の「人気」や「脅威《きょうい》」が反撃《はんげき》を招いている

稲盛和夫守護霊　あなたがただって、除名された元職員だとかが何人か暴《あば》れていると、そこだけを（週刊誌等に）載《の》せられて、攻撃《こうげき》されているよな。

もちろん、世間《せけん》では、幸福の科学の評判は、全体的にいいと思うよ。全般的によくて、戦後の宗教としては、かなり成功した宗教だと見られている。だからこそ、嫉妬もあって、一人や二人、あるいは、数名の不満を取って並べたら、それでスクープ風になるわけだ。

これでは、宗教業界から見たって妬《ねた》まれるに決まっているよ。こういう、新しさを求めるものは、旧《ふる》いものにとって脅威《きょうい》だからね。絶対に妬まれている。

だから、よく我慢しているよな。「仏陀再誕《ぶっださいたん》」と言われているのに、既成《きせい》のお寺が、反旗を翻《ひるがえ》してデモをしたりしないし、住職のまま信者になった人も大勢いるわけだ。こうしたことについて、あなたがたは、あまり考えていないんじゃないか。

彼らは、よく我慢している。デモをしたって構わないんだよ。ほかの国に行けば、お坊《ぼう》さんだってデモをするんだから、全ての仏教協会が集まって、〝ムシロ旗〟を上げ、幸福の科学の周りをデモして歩いたって構わないわけだ。これが、テレビで報道されて、新聞に載って、週刊誌に書かれたら、君らの人気が、がた落ちになる可能性だってあるよ。でも、彼らは、よく我慢しているよな。

例えば、外国へ行って、伝道したら、キリスト教会が反対することだってあるだろうし、そういうのは本当は一部なんだけど、その一部を取り上げて報道したりする人もいるわな。

だけど、そうしたくなるのは、それほどの脅威を感じているからだし、それだけの人気があることも背景にはあるんだよ。

まあ、チャンピオンが、一方的にパンチを浴びせて倒《たお》しただけではボクシングの試合にならないから、相手も少しは反撃して、チャンピオンがグラッとしたり、軽いロープダウンをしたりするところぐらいは見せないと、お客さんに申し訳ないだろう？

そういう意味では、〝サービス〟を兼《か》ねて反撃してくれているところもある。世の中は、そんなにうまいことばかりではないからね。

武田　はい。ありがとうございました。

9　政治的権力を持ちつつある幸福の科学

「国民生活にとって何が正しいか」という視点が政治には大切

秦　稲盛会長は、民主党の小沢一郎《おざわいちろう》氏（現・生活の党代表）や前原誠司《まえはらせいじ》氏とは親しくされていました。

稲盛和夫守護霊　うん。

秦　今は少し距離《きょり》を置いておられるようですけれども、野田《のだ》政権（収録当時）

に関しては、どのようにご覧になっているのでしょうか。

稲盛和夫守護霊　野田さんは、松下《まつした》政経塾《じゅく》の出身だから、あまり露骨《ろこつ》には批判しにくいのでな。それに、俺《おれ》も、やや政府の顧問《こもん》的な立場にないわけでもないし、立ち上げのときに協力した面もあるから、あまり揚《あ》げ足取りはしたくないんだ。

まあ、彼らにも信念があるし、考え方もあって、それで分裂《ぶんれつ》したり、意見が対立したり、いろいろしているんだろうからね。

また、政治は政治で難しいところがあって、「経営」だけではない。つまり、法案を通すことだけが目的ではなくて、「いかなる法案を通すか」「いかなる政治をするか」ということが大事なんだ。数さえ集まれば法案が通るからといって、会社の市場シェア（占有率《せんゆうりつ》）を上げるような感じで考えたら間違《まちが》いになる。数が多いか少ないかは別にして、「国民生活にとって何が正しいか」ということが、ものすごく大事なことだからね。

ただ、新しいことについては、みんな分からないんだよ。「原発問題に賛成か、反対か」だって本当は分からない。

反対する側には、「クリーンエネルギーの世界ができたら夢のようだ」と思っている国民も実際には大勢いるし、それを応援《おうえん》するマスコミもいるわな。

一方、原子力エネルギーは、化石燃料がほとんどない日本にとって、夢のようなエネルギー源なので、「マグニチュード9・0という、めったにないような大地震《じしん》が起き、それに伴《ともな》う大津波《つなみ》によって原発事故が起きたからといって、過去何十年もかけてつくり上げてきたものを軽々に投げ出したら、ダム建設をけだ。途中《とちゅう》で中止したのと同じで、まったくの無駄《むだ》になる」という考えだってあるわけだ。

こういうふうに意見が分かれていて、はっきり言って、答えはないわけよ。どちらか一つを選択《せんたく》したら、「ほかのものを選択した場合にどうなったか」は、分からないわな。

政策の違《ちが》いで対立した野田《のだ》首相と小沢《おざわ》氏

稲盛和夫守護霊　今は、官邸《かんてい》周りや国会周りに、毎週、デモをかけられて、野《の》田《だ》さんも苦労はしている（収録当時）。あれは、左翼《さよく》系のくすぶっている連中が、みんな集まってきて、昔の安保闘争《あんぽとうそう》みたいなのを、もう一回ふっかけてきているんだ。私も古い人間だけど、「安保の生き残り」の連中あたりが、「夢よ、もう一度。」といった感じに思っているんじゃないの？

かつて、安保闘争を二回やって負けたんだけど、民主党政権ができることで、何となく、勝ったような気分を味わえていた人たちがいた。ところが、だんだん、現実の政治が保守化していったのを見て幻滅《げんめつ》し、それが、今、ガス抜《ぬ》き風に出ているんだよな。

あれに対して、「民意を反映していない、悪い政府だ」という見方もあれば、「野田さんは、岸信介《きしのぶすけ》（元首相）のように頑張《がんば》っている」という見方もあるわけだな。

まあ、政治家とは、いったん思い込《こ》んだら、全然、考えを変えない人ばかりではない。そうは言っても、いろいろな意見を聞きながら判断し、変化していくからさ。

大方の判断としては、「民主党のマニフェストは、全部嘘《うそ》だった」ということだろうし、わしもそう思うよ。三年前に考えたような政治状況《じょうきょう》ではないよな。その後の展開が違《ちが》っていた。これは、「先を見通せない」という、人間の持つ悲しい性《さが》だわな。

だけども、マニフェストを破っているのを知っておりながら、現実にやらなくてはいけない政策のほうに動いていっている。そこには、政治家として断腸の思いがあろうけども、自分たちのメンツを潰《つぶ》してまで、結果的に正しいと思うほうを選んでいるとするならば、一定の評価はしないといかんところもあるわな。

また、小沢《おざわ》さんは小沢さんなりに、議会制民主主義の理論として、「国民と約束したことは同じ政権で一貫《いっかん》していなくてはおかしい」という意見を通そうとしているし、反小沢の人たちは、「それは政治的な姿勢だけではなくて、検察から疑惑《ぎわく》を持たれている自分の不正を隠《かく》すために、新党づくりをして揺《ゆ》さぶっているだけではないか。いつも、天邪鬼《あまのじゃく》に新しい政党をつくっては、政権を振《ふ》り回していて、何の生産性もない」と見ているわけだ。

政治のマクロ的な動きを見通せる幸福実現党の〝不思議〟

稲盛和夫守護霊　私は、小沢さんが筋を通そうとするのも偉《えら》いとは思うよ。ただ、「現実の政治そのものが、マクロ的に、どう動くか」ということは、なかなか予断を許さないのでね。それが、大きな取材機能を持っている新聞でも分からないし、週刊誌でも、テレビでも分からない。

「幸福実現党だけは分かっている」という説もあるけど、何せ、支持率が、

〝数字〟として出てこないからね。

まったく、幸福実現党は不思議だねえ。全部見通せているところなら、支持率が百パーセントでもいいのに、なぜか、あなたがたは、自分たちの支持率だけは見通せないんだな。これはまことに不思議なことで、「『なぜ支持を受けられないか』だけは分からないが、それ以外についてはよく分かる」という不思議な政党が存在するんだよなあ。

これは意地悪になるからおくけどね。

鳩山《はとやま》政権・菅《かん》政権についての見解

稲盛和夫守護霊　まあ、民主党政権については、はっきり言って、三年間で変わりました。ただ、首相が辞《や》めることで、それぞれの責任は取っているとは思うんだよ。

最初の鳩山《はとやま》（由紀夫《ゆきお》）さんは、国防とか、日米安保とかが、十分に理解できておらず、沖縄《おきなわ》問題からつまずいていったわな。

菅《かん》（直人《なおと》）さんの場合、あれだけの大震災が起きたにもかかわらず、政府の対応・対策が遅《おそ》かった。たぶん、二万人近い人が死亡していると思うし、被害《ひがい》額も、ものすごいだろうから、（国民の）不満はいっぱいたまっているはずだ。やはり、責任を取らないといかんわな。

さらに、原発の問題まで初めて出てきたけど、菅さんは、若いころ、「原発反対」を言っていた人だからね。彼は、「原発をどうするか」について、持論どおりに、原発反対のほうへ回り、人気取りをして生き延びようと考えたのだろうけど、やはり、世間《せけん》が許さない感じがあったよな。

「原発反対の人が、原発事故で責任を取らされて辞める」という皮肉な結果になった。

「幸福実現党の政策」を取り入れた野田《のだ》政権

稲盛和夫守護霊　野田《のだ》さんは、前の二人を見て、防衛は、ある程度、やる方向で動いているし、原発についても、反対意見は強いけど、「エネルギー政策や、電気料金の値上げ、防衛上の問題等を考えれば、全部止めるのは危ない」と思って、反発を知りながら進める方向でいる。

野田さんの耳には、あなたがたの意見が、そうとう入っているよ。あなたがたから批判はされているけども、禅《ぜん》の師匠《ししょう》に叱《しか》られているような気持ちで聴《き》いてはいる。

政治状況によっては、そのとおりにできないこともあるから、批判され続けている面もあるけども、そうとう聴いている。

だから、幸福実現党の政策は、かなり取り込んできていると思うよ。防衛にも力を入れているし、今だって、「社会保障と税の一体改革」と言っていたものを、「景気を拡大するために公共投資をやる」という方向に舵《かじ》を切り始めている。これは、幸福実現党というか、大川隆法さんの言うことを、かなり聴いているからだと思う。

野田さんは、「(日本経済は)ギリシャやイタリアと違う」と言っているのを聴いて(『未来の法』『松下幸之助《まつしたこうのすけ》の未来経済リーディング』〔共に幸福の科学出版刊〕等参照)、「財務省の言うこととは違うんだけど、何となくこちら(幸福実現党)のほうが合っているかもしれない」というふうな気持ちになってきている。つまり、ブレーンが外側にいるのを感じているわけだ。それで、〝右〟のほうにハンドルを切っている。

ちなみに、自民党のほうは、今、谷垣《たにがき》さんが情けない状況にあるわな。

いずれにせよ、彼らは、グニャグニャと変化している軟体《なんたい》動物のようだけど、彼らの動機が善であり、結果として、正しいほうを選ぼうと試行錯誤《しこうさくご》しているのなら、その点については、ある程度、見てあげなくてはいけない面はあるかなとは思うね。

ただ、一定のルールが固まっているものについて、「ルール違反《いはん》」と判定されるものにペナルティが生じることはしかたがないのかなあ。

今、訊《き》かれたのは、小沢さんのことと、何だったっけ?

秦　「野田政権について、どう思われるか」です。

稲盛和夫守護霊　うーん、この感じだと、野田政権は、だんだん、幸福の科学政権に近づいてきているのではないかな。おそらく、最後は、自民党と協調してやらざるをえなくなるだろうね。

今、大阪《おおさか》で、「維新《いしん》の会」とか言って暴《あば》れているから、すぐに解散はしないよ。「民意を問わないといかん」という筋は分かるんだけど、今やって、あんなのに負けてしまい、民主党と同じことが、また、三年間も起きたら、国民に申し訳ないじゃない？

それに、ようやく政権運営に慣れてきたので、確実なことをやれそうなんだよ。

最初は、鳩山さんの「ダムの建設中止」が目玉だったけど、あんなことを言ったら、今では、お笑いだよね。洪水《こうずい》は止められないし、発電もできなくなる。むしろ、自然エネルギーで電力がつくれるのは、夢のような話ですよ。洪水は止められるし、水の力だけでエネルギーがつくれるわけだから、あの建設中止は、まったくの「ハズレ」だったのに、それを目玉にしてたわな。

まあ、そういう経験をして、今、少しは賢《かしこ》くなっているからさ。

確かに、民主党自体が一枚岩ではなく、野田政権は、民主党の仲間を集めながらやらなくてはいけないので、そういう意味では苦労していると思うけれども、あなたがたの言っていることは、八十パーセントぐらいは聴いていると思うよ。私はそう思う。

残りの二十パーセントを、どうしても聴けないのは、支持母体が、ほかにもたくさんあるからだよ。それで、聴けない部分はあるんだけど、八十パーセントぐらいは、聞く耳を持っているように感じるね。

幸福実現党は「プロの政治家」になるための努力を

稲盛和夫守護霊　幸福実現党が、なぜ、政権を取れないのか。あるいは、大きな支持率を取れないのか。

まあ、今は、ほとんどのアイデアや政策が、大川隆法さんから出ているんだろうけど、実戦部隊が、どう見ても頼《たよ》りないよな。政党として、やはり頼りないよ。「本当にやれるのか」「個別の問題に対応できるのか」という意味でね。「政策研究会」、あるいは、「政策研究所」としての意見を発表していくだけなら、もう十分に使命を果たしているよ。

ただ、政治家は、やはり、それぞれが信念を持って、政策を立案したり、考えたり、行動したりできなくてはいけないからさ。ここのところが、まだ、「素人《しろうと》だ」と思われているんと違うかな。そういうことだと思うし、実際に、自分たちでも「素人だ」と思っているんだろう。

「『この意見を反映できればいい』とだけ思っている」と見られているんだろうし、これについては反論はできないと思うよ。やはり、そういうところがあるからね。

まあ、「ある程度の年数をやらなければプロにはなれない」というのは、そのとおりだと思う。

世間の評価は、確かに厳しすぎるとは思うけども、ある程度、素人と見られているところについては、やはり、自分らで、プロの政治家になるための努力をしなくてはいかんと思うな。

「もし、大川さんが間違ったらどうするのか」「もし、意見を言えなくなったらどうするのか」という問題を抱《かか》えているわけだし、「そのときに、政党として独自に、個別に判断できるのか」、あるいは、「ほかの政党との協調はどうなるのか」という未知数のところが、たくさんある。

まあ、そうした疑心暗鬼《ぎしんあんき》の部分がそうとうあるし、また、「政教一致《いっち》」を言っているから、「ほかの宗教との関係はどうなるのか」など、国民には疑問が、ほかにもあるわけよ。

だから、マスコミは、簡単に応援《おうえん》できないし、そうかといって、大きなお客さんでもあるので、簡単に反対もできない。それで、基本的には沈黙《ちんもく》しているわけね。

週刊誌等が幸福の科学を叩《たた》きたくなる本当の理由

稲盛和夫守護霊　ただ、最近、週刊誌とかが叩《たた》き始めたのは、ある意味で、現実の権力が生じ始めていることも意味しているとは思うよ。政治家と同じ扱《あつか》いを受けつつあるように見えるので、これは、発言に現実の力が生じていることを意味しているんだ。

現実に力がなかったら、書きはしないよ。お寺のお坊《ぼう》さんが政治的発言をしたって、そんなものを週刊誌が批判したりしないでしょう。誰《だれ》も、絶対相手にしないからね。

だけど、「大川隆法が言った」となれば、それを聞いて、政治家が動くし、財界人も動くから、そういう意味での政治的権力が生まれつつあるわけよ。

特に、最近は、財務省や日銀まで批判なされたよな？（『財務省のスピリチュアル診断《しんだん》』『日銀総裁とのスピリチュアル対話』〔共に幸福実現党刊〕）

そこは、政治家だって、簡単には批判できないし、マスコミだって、恐《おそ》ろしくて批判できない。取材も簡単にはできないような、聖域に近いところだからね。しかし、あなたがたは、ここに堂々と意見を言っているよな。

これには、スカッとする人もいると思うよ。ただ、本業として取材している者から見れば、少し引っ掛《か》かっている。自分らも政治の一翼を担《にな》っているつもりでいるマスコミにとっては、やはり、鳶《とんび》に油揚《あぶらあ》げをさらわれているような感じを受けているところがあるのよ。

あなたがたにしてみれば、「文春《ぶんしゅん》」や「新潮《しんちょう》」といった、いわゆる保守系の雑誌が批判してきて、敵みたいになっていることは不本意だろうし、国民全体から見ても不思議な感じはしていると思う。だけど、それは、現実に政治的権力を握《にぎ》ろうとしているところに対して、牽制球《けんせいきゅう》を投げていると同時に、(教団)内部の不始末を暴いて、「宗教の本業に帰れ」と言っているわけだろう?「自分たちのところで、うまくいっていないことがあるんだったら、そちらのほうをやればいいではないか」「いろいろなところに、口を出しすぎだ」という感じのことを言っているんだな。

そこには、「嫉妬《しっと》」も含《ふく》めて、「牽制する心」と「競争意識」が働いているのだろう。

「民主主義は哲人《てつじん》政治に勝てないのか」とのテーマが出てきた

稲盛和夫守護霊　だから、「『彼らは、全面的に悪意を持っている』とは思わないほうがいい」と、わしは思うな。むしろ、彼らにしてみれば、「宗教家のくせに政治的見識が高い」とか、「現実に政治家をやっている人に、それだけの見識がなくて、政治家ではない人に、それだけの見識がある」とかいうことが、ある意味では悔《くや》しいし、民主主義が敗れたような感じを、今、受けているわけよ。

あなたがたのやっていることは、はっきり言えば、一種の「哲人《てつじん》政治」でしょう？「哲人政治」ないし「神政《しんせい》政治」だよな。そういうものだから、「民主主義は哲人政治に勝てないのか」というテーマが出てきたわけよ。

私のような経営者の場合、経営については、やはり、新聞記者や、週刊誌の記者、テレビの報道員より能力が高くても当たり前だから、彼らが嫉妬しようにも限界はある。

もちろん、経営者がボロ儲《もう》けして蓄財《ちくざい》しすぎた場合には叩きたくなるだろうけど、例えば、「潰れかかっていた企業《きぎょう》を立て直す」ということであれば、たとえ、経営がうまかったとしても、そんなに叩かなくてもいいとは思うだろうね。

ただ、政治については、自分らのことをプロないしセミプロだと思っているところがあるわけだ。つまり、政治家に近い感覚を持っているつもりでいるのに、〝素人〟が意見を言ってきて、しかも見識があるようだから、それに対しては、嘘か本当か、いろいろ試《ため》してみたくなるものなんだな。

宗教が宗教のなかにいるかぎり、そこは聖域だよ。だけど、宗教が宗教以外のところに出てくるのなら、そこは聖域ではないからさ。ちょうど、亀《かめ》が首を伸《の》ばしたようなものだよ。甲羅《こうら》のなかに入っている分には安全だけど、首を伸ばしたら、亀は襲《おそ》われるわな。まあ、そういうところがある。

しかも、あなたがたは、学校もやっているしな。ここについても、それだけの資格があるかどうか、今、ゆっくりと見られているところだけども、教育に、ある程度の見識があるのは分かるのでね。それは妥当《だとう》だろうとは思ってはいるよ。

しかし、政治となると、大勢の人に影響《えいきょう》が出るからな。まあ、少なくとも半分は左翼の人だから、仏教的に、「『弱者救済教』なのか、『強者の宗教』なのか」というところの影響が出て、色分けしてくるんだよ。

いずれにしても、本来、「新潮」や「文春」は、応援して然《しか》るべき立場にあるにもかかわらず、ライバル意識を感じているということかなあ。

まあ、そういうことかと思いますね。

酒井　はい。ありがとうございました。

稲盛氏は「経営者兼《けん》宗教家」の成功事例の一つ

酒井　稲盛先生のお言葉を参考にさせていただき、当会も、さらに発展してまいりたいと思います。

稲盛和夫守護霊　まあ、少なくとも、わしは坊さんであって、出家《しゅっけ》し、得度《とくど》したんだから、宗教家ではあるわけよ。

その宗教家が、こんなバタ臭《くさ》い、この世の航空会社の組合《くみあい》と戦って、再建したことが許されたんだ。これは、君らにとって、いいことだよ。

酒井　はい。

稲盛和夫守護霊　君らは、経営者向けのセミナーや研修を開催《かいさい》して、経営者を教えたりしているんだろう？　宗教がそんなことをやっていると、一般《いっぱん》的には、何となく、いかがわしいよね。

ただ、こういう、わしみたいな事例があれば、「宗教家でも、才能があれば、それをやってもいいんだ」という許容範囲《はんい》が広がったと見ていいのではないかな。

その意味で、あなたがたは、経営にも、わりと強いから、視野が広がり、活動範囲が広がったと見ていいと思う。

まあ、「上」のほうになれば、宗教家も、政治家も、経営者も、本当は変わらないところがあって、みんな、共通の見識を持つようになるんだよ。宗教家でも、政治家でも、経営者でも、必ず、「天下国家」を考えるから、そうなれば、全部が（対象に）入る。だから、そういう意味で一緒《いっしょ》になってくるんだ。

そのへんは、年齢《ねんれい》の問題かもしれないよ。わしぐらいの年、まあ、八十歳《さい》ぐらいになったら、もう言われないかもしれないけど、大川さんぐらいの年だったら、実際の経営をやっている人たちに同年代が多いから、みんな、競争心やライバル心を感じるのではないかな。

まあ、（今日の話が）少しでもお役に立てれば、ありがたいな。

酒井　はい。本日はありがとうございました。

10 「稲盛氏の守護霊霊言《れいげん》」を終えて

大川隆法　みなさんの参考になるところは、あるのではないでしょうか。

酒井　そうですね。

大川隆法　（稲盛氏守護霊に）おいでくださって、ありがとうございました。
以前、「カンブリア宮殿《きゅうでん》」（テレビ東京系で放映される経済人とのトーク番組）等に出演されたとき、どのくらいの〝お布施《ふせ》〟を頂けたのかは分かりませんけれども、十万円ぐらいのものでしょうか。

酒井　もう少し高いのではないでしょうか。

大川隆法　（笑）そうですかね。

いずれにしても、こういう人は、「自分の持っているノウハウや智慧《ちえ》を社会に還元《かんげん》する義務がある」と思っているのでしょう。

松下幸之助《まつしたこうのすけ》さんも、そうだったと思いますが、そういう立場の方なのではないでしょうか。

そういう意味では、宗教ルーツであっても、「自分の智慧が世間《せけん》に出ること自体は、ありがたい」という見方もありますから、お許しいただければと思います。

ただ、この人の過去世《かこぜ》には、たぶん禅宗《ぜんしゅう》系のお坊《ぼう》さんがいますね。

それでは、以上としましょう。

酒井　ありがとうございました。

あとがき

私も旅行が多いので、飛行機、新幹線、タクシー、ホテル、レストランなどのサービスには、かなりの関心をもって見てきている。と同時に、数多くの政治家や財界人、スターたちの振るまい方も眺め続けて来た。私自身も欠点が多く、教団の仕事も、スマートでないところが数多くあるので、正直言って、「観察」は勉強になる。

私も仏法真理を説く者の一人であるが、「心の中」だけを問題にしているわけではない。立派な経営は、社会全体の幸福につながると思っている。人の振るまい方やサービスの背後には経営理念があり、理想社会の実現を目指す人間の本質がある。

今、未熟ながら、国家経営にも提言を重ねている。一日一日が真剣勝負である。

二〇一三年　五月十七日

幸福《こうふく》の科学《かがく》グループ創始《そうし》者《しゃ》兼《けん》総裁《そうさい》　大川隆法《おおかわりゅうほう》

『稲盛和夫守護霊が語る 仏法と経営の厳しさについて』大川隆法著作関連書籍

『未来の法』（幸福の科学出版刊）
『人を愛し、人を生かし、人を許せ。』（同右）
『松下幸之助 日本を叱る』（同右）
『松下幸之助の未来経済リーディング』（同右）
『徹底霊査「週刊新潮」編集長・悪魔の放射汚染』（同右）
『財務省のスピリチュアル診断』（幸福実現党刊）
『日銀総裁とのスピリチュアル対話』（同右）

稲盛和夫《いなもりかずお》守護霊《しゅごれい》が語《かた》る　仏法《ぶっぽう》と経営《けいえい》の厳《きび》しさについて

2013年５月24日　初版第１刷

著　者　　大《おお》川《かわ》隆《りゅう》法《ほう》

発行所　　幸福の科学出版株式会社

〒107-0052　東京都港区赤坂２丁目10番14号
TEL(03)5573-7700
http://www.irhpress.co.jp/

印刷・製本　株式会社 堀内印刷所

落丁・乱丁本はおとりかえいたします

ISBN978-4-86395-336-9 C0030
写真：時事

大川隆法ベストセラーズ・発展する企業を創る

経営入門

人材論から事業繁栄まで

豪華装丁
函入り

経営規模に応じた経営の組み立て方など、強い組織をつくるための「経営の急所」を伝授。

9,800円

社長学入門

常勝経営を目指して

豪華装丁
函入り

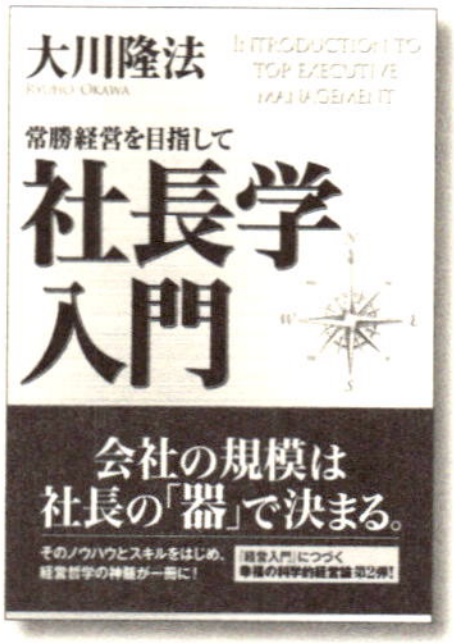

デフレ時代を乗り切り、組織を成長させ続けるための経営哲学、実践手法が網羅された書。

9,800円

未来創造のマネジメント

事業の限界を突破する法

豪華装丁
函入り

変転する経済のなかで、成長し続ける企業とは、経営者とは。戦後最大級の組織をつくりあげた著者による、現在進行形の経営論がここに。

9,800円

※表示価格は本体価格(税別)です。

大川隆法 霊言シリーズ・日本の自虐史観を正す

公開霊言 東條英機、「大東亜戦争の真実」を語る

戦争責任、靖国参拝、憲法改正……。他国からの不当な内政干渉にモノ言えぬ日本。正しい歴史認識を求めて、東條英機が先の大戦の真相を語る。　【幸福実現党刊】

1,400円

本多勝一の守護霊インタビュー

朝日の「良心」か、それとも「独善」か

「南京事件」は創作! 「従軍慰安婦」は演出! 歪められた歴史認識の問題の真相に迫る。自虐史観の発端をつくった本人（守護霊）が赤裸々に告白!　【幸福実現党刊】

1,400円

従軍慰安婦問題と南京大虐殺は本当か?

左翼の源流 vs. E.ケイシー・リーディング

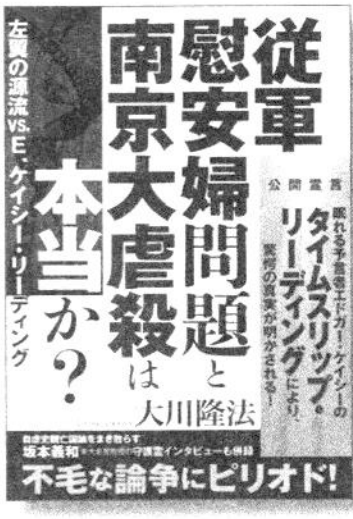

「従軍慰安婦問題」も「南京事件」も中国や韓国の捏造だった! 日本の自虐史観や反日主義の論拠が崩れる、驚愕の史実が明かされる。

1,400円

マッカーサー 戦後65年目の証言

マッカーサー・吉田茂・山本五十六・鳩山一郎の霊言

GHQ 最高司令官・マッカーサーの霊によって、占領政策の真なる目的が明かされる。日本の大物政治家、連合艦隊司令長官の霊言も収録。

1,200円

大川隆法 ベストセラーズ・**憲法九条改正・国防問題を考える**

スピリチュアル政治学要論

佐藤誠三郎・元東大政治学教授の霊界指南

憲法九条改正に議論の余地はない。生前、中曽根内閣のブレーンをつとめた佐藤元東大教授が、危機的状況にある現代日本政治にメッセージ。

1,400円

憲法改正への異次元発想

憲法学者NOW・芦部信喜 元東大教授の霊言

憲法九条改正、天皇制、政教分離、そして靖国問題……。参院選最大の争点「憲法改正」について、憲法学の権威が、天上界から現在の見解を語る。
【幸福実現党刊】

1,400円

北条時宗の霊言

新・元寇にどう立ち向かうか

中国の領空・領海侵犯、北朝鮮の核ミサイル……。鎌倉時代、日本を国防の危機から守った北条時宗が、「平成の元寇」の撃退法を指南する！
【幸福実現党刊】

1,400円

※表示価格は本体価格（税別）です。

幸福の科学グループのご案内

宗教、教育、政治、出版などの活動を通じて、地球的ユートピアの実現を目指しています。

宗教法人　幸福の科学

一九八六年に立宗。一九九一年に宗教法人格を取得。信仰の対象は、地球系霊団の最高大霊、主エル・カンターレ。世界百カ国以上の国々に信者を持ち、全人類救済という尊い使命のもと、信者は、「愛」と「悟り」と「ユートピア建設」の教えの実践、伝道に励んでいます。

（二〇一三年五月現在）

愛

幸福の科学の「愛」とは、与える愛です。これは、仏教の慈悲《じひ》や布施《ふせ》の精神と同じことです。信者は、仏法真理をお伝えすることを通して、多くの方に幸福な人生を送っていただくための活動に励んでいます。

悟り

「悟り」とは、自らが仏の子であることを知るということです。教学《きょうがく》や精神統一によって心を磨き、智慧《ちえ》を得て悩みを解決すると共に、天使・菩薩《ぼさつ》の境地を目指し、より多くの人を救える力を身につけていきます。

ユートピア建設

私たち人間は、地上に理想世界を建設するという尊い使命を持って生まれてきています。社会の悪を押しとどめ、善を推し進めるために、信者はさまざまな活動に積極的に参加しています。

国内外の世界で貧困や災害、心の病で苦しんでいる人々に対しては、現地メンバーや支援団体と連携して、物心両面にわたり、あらゆる手段で手を差し伸べています。

年間約３万人の自殺者を減らすため、全国各地で街頭キャンペーンを展開しています。

公式サイト　www.withyou-hs.net

ヘレン・ケラーを理想として活動する、ハンディキャップを持つ方とボランティアの会です。視聴覚障害者、肢体不自由な方々に仏法真理を学んでいただくための、さまざまなサポートをしています。

公式サイト　www.helen-hs.net

INFORMATION

お近くの精舎・支部・拠点など、お問い合わせは、こちらまで！

幸福の科学サービスセンター

TEL. 03-5793-1727（受付時間 火～金：10～20時／土・日：10～18時）

宗教法人 幸福の科学 公式サイト **happy-science.jp**

教育

学校法人
幸福の科学学園

学校法人 幸福の科学学園は、幸福の科学の教育理念のもとにつくられた教育機関です。人間にとって最も大切な宗教教育の導入を通じて精神性を高めながら、ユートピア建設に貢献する人材輩出を目指しています。

幸福の科学学園

中学校・高等学校（那須本校）
2010年4月開校・栃木県那須郡（男女共学・全寮制）
TEL **0287-75-7777**
公式サイト **happy-science.ac.jp**

関西中学校・高等学校（関西校）
2013年4月開校・滋賀県大津市（男女共学・寮及び通学）
TEL **077-573-7774**
公式サイト **kansai.happy-science.ac.jp**

幸福の科学大学（仮称・設置認可申請予定）
2015年開学予定
TEL **03-6277-7248**（幸福の科学 大学準備室）
公式サイト **university.happy-science.jp**

仏法真理塾「サクセスNo.1」

小・中・高校生が、信仰教育を基礎にしながら、「勉強も『心の修行』」と考えて学んでいます。
TEL **03-5750-0747**（東京本校）

不登校児支援スクール「ネバー・マインド」

心の面からのアプローチを重視して、不登校の子供たちを支援しています。
また、障害児支援の「**ユー・アー・エンゼル!**」運動も行っています。
TEL **03-5750-1741**

エンゼルプランV

幼少時からの心の教育を大切にして、信仰をベースにした幼児教育を行っています。
TEL **03-5750-0757**

NPO 活動支援

学校からのいじめ追放を目指し、さまざまな社会提言をしています。また、各地でのシンポジウムや学校への啓発ポスター掲示等に取り組むNPO「いじめから子供を守ろう！ネットワーク」を支援しています。

公式サイト **mamoro.org**
ブログ **mamoro.blog86.fc2.com**
相談窓口 **TEL.03-5719-2170**

政治

幸福実現党

内《ない》憂《ゆう》外《がい》患《かん》の国難に立ち向かうべく、二〇〇九年五月に幸福実現党を立党しました。創立者である大川隆法党総裁の精神的指導のもと、宗教だけでは解決できない問題に取り組み、幸福を具体化するための力になっています。

党員の機関紙
「幸福実現NEWS」

TEL 03-6441-0754
公式サイト hr-party.jp

出版メディア事業

幸福の科学出版

大川隆法総裁の仏法真理の書を中心に、ビジネス、自己啓発、小説など、さまざまなジャンルの書籍・雑誌を出版しています。他にも、映画事業、文学・学術発展のための振興事業、テレビ・ラジオ番組の提供など、幸福の科学文化を広げる事業を行っています。

TEL 03-5573-7700
公式サイト irhpress.co.jp